Gunnar Heinsohn und Otto Steiger

Eigentumstheorie des Wirtschaftens
versus Wirtschaftstheorie ohne Eigentum

D1719381

Gunnar Heinsohn und Otto Steiger

Eigentumstheorie des Wirtschaftens *versus* Wirtschaftstheorie ohne Eigentum

Ergänzungsband zur Neuauflage von
«Eigentum, Zins und Geld»

Metropolis-Verlag
Marburg 2002

Die Deutsche Bibliothek – CIP-Einheitsaufnahme

Ein Titeldatensatz für diese Publikation ist bei Der Deutschen Bibliothek erhältlich

Metropolis-Verlag für Ökonomie, Gesellschaft und Politik GmbH
Bahnhofstr. 16a, D-35037 Marburg
http://www.metropolis-verlag.de
Copyright: Metropolis-Verlag, Marburg 2002
Alle Rechte vorbehalten
Druck: Rosch Buch, Scheßlitz

ISBN 3-89518-352-0

Inhalt

Vorwort 7

1   **Besitz und Eigentum: Güternutzung *versus***
        Wirtschaften 9
1a   Wirtschaften im Unterschied zu bloß
       materieller Reproduktion 10
1b   Materielle Reproduktion in der Besitzgesellschaft 12
1c   Bewirtschaftung von Besitz in der Eigentumsgesellschaft ... 16

2   **Die Blindheit der großen ökonomischen Schulen**
        vor dem Eigentum 21
2a   Die klassische Ökonomie 22
2b   Die neoklassische Ökonomie 27
2c   Die keynesianische Ökonomie 40
2d   Kurzes Resümee zu allen drei Schulen 51

3   **Der ökonomische Kern der Eigentumsverfassung:**
        Zins, Geld und Vermögen 53
3a   Verpfändung und Vollstreckung 54
3b   Eigentumsprämie und Zins 56
3c   Rechengeld und eigentliches Geld 64
3d   Geldschaffung der privaten Notenbank 72
3e   Geldschaffung der zentralen Notenbank 82

4   Der Markt als Institution der Eigentumsökonomie 95

4a   Der Unternehmer als Wirtschafter eigenen Rechts
      und die Konstitution des Marktes 96

4b   Monetäre Preissetzung *versus* Anpassung
      an relative Preise 102

4c   Akkumulation, Konjunktur und Krise 104

Literaturverzeichnis 113

Verzeichnis der Auseinandersetzungen mit
Eigentum, Zins und Geld (1996-2001) 120

Personen- und Sachregister 127

Vorwort

Im Juni 1996 erschien bei Rowohlt die Erstausgabe von *Eigentum, Zins und Geld* und war – trotz einer für wirtschaftstheoretische Abhandlungen hohen Auflage von 3.000 Exemplaren – bereits im Juni 1999 vergriffen. In der Zwischenzeit sind neben zahlreichen Einzelkritiken, aber auch Weiterführungen unserer Theorie bereits zwei Sammelbände darüber erschienen.

Diese Debatten haben uns zur Fortentwicklung des Ansatzes, aber auch zu einer womöglich leichter zugänglichen Präsentation veranlaßt. Anläßlich der Neuausgabe von *Eigentum, Zins und Geld* legen wir deshalb gleichzeitig eine argumentativ ergänzte, präzisierte und pointierte Fassung der Eigentumstheorie des Zinses und des Geldes vor. Die Antworten auf die bedeutendsten Kritiken finden sich ebenfalls in diesem Ergänzungsband. Ein Verzeichnis aller Auseinandersetzungen mit der Erstausgabe findet sich am Schluß des Buches.

Für Korrekturen, wertvolle Hinweise und die Anfertigung der Literaturliste, des Verzeichnisses der Kritiken sowie des Personen- und Sachregisters danken wir Stefan Feit (Universität Bremen).

Gunnar Heinsohn und *Otto Steiger*   Bremen, den 15. Januar 2002

1 Besitz und Eigentum: Güternutzung versus Wirtschaften

Unser – vor einem halben Jahrzehnt zuerst erschienenes – Buch *Eigentum, Zins und Geld* widmet sich der wirtschaftstheoretischen Kernfrage nach dem Verlust, der durch Zins ausgeglichen werden muß.[1] Unsere Antwort unterscheidet sich grundlegend von der vorherrschender Theorien. Wir akzeptieren weder einen temporären Güterverlust noch einen temporären Geldverlust als Ursache des Zinses. Wenn *Geld* als ein anonymisierter Anspruch auf Eigentum bzw. als Einlösungsversprechen mit Eigentum in einem *Kreditkontrakt* geschaffen, das heißt vorgeschossen wird, tritt ein temporärer Verlust an *Eigentumsprämie* auf. Diese geht verloren, weil bei der Geldschaffung Eigentum zeitweilig belastet werden muß, also seiner Dispositionsfreiheit verlustig geht. Es ist dieser Verlust, der durch *Zins* kompensiert werden muß. Und mit seiner Bedienung sind wir mitten im *Wirtschaften*. Ohne Eigentum, in das durch unabhängige Rechtsinstanzen *vollstreckt* werden kann, gibt es also kein Geld. Die Eigentumsprämie fällt automatisch an, wenn dem ahistorischen *Besitz* von Ressourcen und Gütern durch künstlichen und keineswegs ewigen Rechtsakt Eigentumstitel hinzugefügt werden. Bei Beseitigung von Eigentum geht auch seine Prämie unter, und das *Wirtschaften* – keineswegs jedoch das Produzieren – hört auf.

---

[1] Angaben zu können, «warum der Zinssatz positiv ist», war schon für John Maynard Keynes die forschungsleitende Aufgabe bei der Beantwortung der Frage, warum Kapitalgüter knapp sind (Keynes 1934, S. 455 f.: «the essential question for enquiry is ... why the rate of interest exceeds zero»). Keynes hat sie zwei Jahre später in der *General Theory* kühn, aber vergeblich – worauf noch einzugehen ist – mit dem Verlust der Liquiditätsprämie auf Geld zu beantworten versucht.

1a Wirtschaften im Unterschied zu bloß materieller Reproduktion

Eine Wirtschaftstheorie, die diesen Namen verdient, fehlt, weil die Ökonomen – anders als die Rechtsgelehrten seit der römischen Antike – niemals zwischen Besitz und Eigentum zu unterscheiden wußten. Sie kümmern sich um diesen Unterschied nicht, weil sie an einen ewigen *homo oeconomicus* glauben, der seit dem Faustkeil des Neandertalers immer auf dieselbe Weise angetrieben worden sei. Sie glauben im Tauschparadigma das Prinzip gefunden zu haben, unter dem permanent vorteilssuchende Gütertauscher am Ende all das hervorgebracht hätten, was Wirtschaften ausmacht. Wie für den Lauf der Planeten wollen sie überall und ewig geltende Gesetze auch für den wirtschaftenden Menschen aufstellen. Es ist genau dieser mit viel Stolz verfolgte *Universalismus*, der die theoretische Blindheit der Ökonomen gegenüber dem ganz und gar nicht ewigen Eigentum erzeugt hat. Erst die Ersetzung des Tauschparadigmas durch das Eigentumsparadigma – 1982 zuerst als «Privateigentums»-Paradigma des Geldes formuliert (Heinsohn 1984) – macht, und dies ist das Vorhaben der Autoren, Wirtschaftstheorie möglich.

Unsere Gattung kennt nicht nur eine, sondern drei idealtypische Gesellschaftsformen, die bis heute ihre Reproduktion ganz unterschiedlichen Regeln unterwerfen. Reproduktion heißt dabei für das Überleben notwendige Produktion, Verteilung Konsumtion und – bisweilen – Akkumulation von Gütern. Die drei Gesellschaftsformen sind:

1. Die *Stammesgesellschaft*. Sie regelt Produktion, Verteilung und Konsumtion für ihre nicht freien Mitglieder gemeinschaftlich nach *solidarpflichtiger Sitte*. In dieser *Reziprozität* müssen alle der Reproduktion dienenden Transaktionen altruistisch ausgerichtet sein. Unabhängige juristische Instanzen, bei denen ein solches Verhalten einklagbar wäre, gibt es jedoch nicht.

2. Die *Befehlsgesellschaft* des Feudalismus. Sie regelt Produktion, Verteilung, Konsumtion und Akkumulation durch Zwangsmechanismen. Über Herrschaft erzwingt eine Oberschicht von

unfreien Untertanen *Abgaben*. Sie legitimiert ihre Position nicht nur religiös, sondern auch durch Versorgung der Untertanen bei Notzeiten aus Vorräten, die diese bei den Herren abzuliefern haben. Der Staatssozialismus mit seinen verbindlichen zentralen *Plänen* liefert eine moderne Variante dieser Gesellschaftsform. Wiederum gibt es keine unabhängigen juristischen Instanzen, die in die herrschaftlich organisierte Reproduktion eingreifen können.

3. Die *Eigentumsgesellschaft* als System von *Freien* beseitigt die traditionellen Regelwerke der Reziprozität und des Befehls. Sie steuert Produktion, Verteilung, Konsumtion und Akkumulation durch die in den beiden anderen Gesellschaften unbekannten Größen *Zins* und *Geld* sowie durch freie Kontrakte, deren Erfüllung von unabhängigen juristischen Instanzen durchgesetzt werden kann.

Die Differenz zwischen Reziprozitäts- und Befehlsgesellschaften einerseits sowie der Eigentumsgesellschaft andererseits ist prinzipieller und nicht etwa gradueller Natur. Stämme sowie Feudalismus und Sozialismus kennen kein Eigentum, sondern lediglich *Besitz*, also die bloße Nutzung von oder Verfügung über Ressourcen. Sie verharren daher *qua* Sitte bzw. Befehl in einer bloßen *Beherrschung von Ressourcen* zur physischen Reproduktion. Diese erschöpft sich in Anweisungen zur Transformation von Ressourcen in Güter (einschließlich ihrer Vorratshaltung und gegebenenfalls Akkumulation), ihrer Distribution und Konsumtion. Sie führen allein zu mehr oder weniger effizienten Transaktionen von Ressourcen und Gütern, nicht aber zu ihrer *Bewirtschaftung*. Dazu verhilft auch nicht die für diese Gesellschaften besonders augenfällige Güterknappheit – ein Spiegelbild ihres bescheidenen Reproduktionsniveaus –, wie man entsprechend der neoklassischen Wirtschaftstheorie annehmen könnte. Das Verständnis der Gesellschaften ohne Eigentum benötigt deshalb keine Theorie über das Wirtschaften. Eine soziologische Analyse reicht vollkommen aus, um die Aufrechterhaltung und

Auswirkung unterschiedlicher Herrschaftsmechanismen für die Ressourcennutzung in diesen Systemen zu erklären.

1b Materielle Reproduktion in der Besitzgesellschaft

Reziprozitäts- und Befehlsgesellschaften sind reine *Besitz*gesellschaften. Sie kennen das Eigentum nicht: «Ein Anspruch auf Privateigentum, auf gesonderte Grundstücke innerhalb des [Stammes-] Gebietes wird allgemein nicht anerkannt» (Thurnwald 1932, S. 186 f.).

Geld, Zins und Sicherheiten für Kreditkontrakte sucht man in ihnen vergeblich: «So etwas wie geordnete Märkte gibt es nicht. Folglich fehlen Preise und Austauschmechanismen. Daher gibt es keinen Raum für Umlaufmittel und noch weniger für Geld» (Malinowski 1935, S. 45).

Eine Güterleihe existiert durchaus, aber der Rückfluß verliehener Güter ist weder garantiert noch gar mit Pfändern gesichert. Noch die Römer wußten zwischen dem Zins (*fenus*) nach dem *ius civile* im Kreditkontrakt ihrer Eigentumsgesellschaft und dem zinslosen Bedürftigkeitsdarlehen der Nachbarhilfe (*mutuum*) nach dem stammesgesellschaftlichen *ius gentium* zu unterscheiden. Man findet im Stamm also nichts, was einem Zins entsprechen könnte. Daher fordern nicht einmal Rinderzüchter von ihren Stammesgenossen die Kälber von verliehenen Tieren: «Bemerkenswert ist, daß hier wie dort weniger Gewicht auf Zins und Zinshöhe gelegt wird. Das Interesse konzentriert sich auf das geliehene [Vieh-] Kapital» (Laum 1965, 60).

Bei all dem verwundert es nicht, daß der berühmte Gütertausch als Vorbedingung des Geldes niemals verifiziert werden konnte: «Reiner Gütertausch – im strengen Sinne eines geldlosen Markttausches – ist in Gesellschaften aus Vergangenheit und Gegenwart, über die wir zuverlässige Informationen besitzen, niemals ein quantitativ nennenswertes oder gar beherrschendes Muster für ökonomische

Transaktionen gewesen. / Geldloser Markttausch stellte keine evolutionäre Stufe ... vor dem Beginn eines geldvermittelten Markttausches dar» (Dalton 1982, S. 185/188).[2] Soweit Geld in reinen Besitzgesellschaften empirisch angetroffen wird, stammt es durchweg aus benachbarten oder auch entfernten Eigentumsgesellschaften (Pryor 1977, S. 166).[3]

In Befehlsgesellschaften hat man nicht weniger intensiv nach Geld, Zins und Kredit gefahndet als in den Reziprozitätsgesellschaften – mit dem gleichen ernüchternden Ergebnis. Der mykenische Feudalismus beispielsweise, berühmt für seine mächtigen Burgen und die reiche Verwendung von Gold und Silber, hatte keinerlei Vorstellung von Geld- und Kreditoperationen, die in den späteren griechischen Stadtstaaten so allumfassend wurden und den Wirtschaftshistorikern immer rätselhaft geblieben sind: «Die Art und Weise, in der Kredite eine so mächtige Maschine wurden, bleibt ein Geheimnis.» (Starr 1977, S. 183). Was wir von der materiellen Reproduktion Mykenes «zu erkennen vermögen, ist einzig und allein die Aktivität des Palastes, der – wenn etwas zu tun ist – den Unter-

---

[2] Bereits 1982 hat Heinsohn deshalb vorgeschlagen, das Tauschparadigma des Geldes durch ein – wie es damals noch hieß – Privateigentumsparadigma des Geldes zu ersetzen (Heinsohn 1984, S. 120).

[3] Im Kontakt *zwischen* Eigentumsgesellschaften und Stammesgesellschaften können sich Stammesgenossen durchaus darauf einstellen, bereits in diesem Jahr mit Glasperlen oder Stahlklingen versorgt zu werden und dafür erst im nächsten Jahr Pelze oder Kautschuk abzuliefern. Man könnte sagen, daß sie Gläubiger-Schuldner-Beziehungen verstehen, wenn sie ihnen angeboten werden. Dieses Verständnis darf aber nicht verwechselt werden – wie Alain Parguez und Mario Seccareccia (2000, S. 102 f.) aus der Schule des *monetary circuit approach* gegen frühere Arbeiten von uns glauben machen wollen –, mit Gläubiger-Schuldner-Kontrakten *innerhalb* von Stammesgesellschaften. Schon gar nicht werden innerhalb von Stammesgesellschaften Pelze oder Kautschukballen – wie die Autoren meinen – als «gemeinschaftliches Eigentum» gehandhabt. In diesem Falle müßten diese Güter ja Besitz- und Eigentumsseite haben und eben diese Unterscheidung versuchen die beiden erst gar nicht. Vergleiche als Antithese zu den Autoren im gleichen Band, in dem ihr Beitrag erschienen ist, Heinsohn/Steiger (2000d) sowie die Kritik dieser Schule aus Sicht der Eigentumstheorie bei Augusto Graziani (1997).

tanen des Königs Produkte und zweifellos auch manches andere ab-
preßt, aber auch Rationen und Material aushändigt. Dabei notiert
man exakt, was empfangen oder ausgegeben wird und werden sollte.
... *Nichts deutet auf Geld oder auf einen Standard hin, mit dem Werte*
hätten verglichen werden können; die Gegenstände wurden jeweils für
sich gezählt, gewogen oder gemessen» (Andrewes 1967, S. 29; unsere
Hervorhebung). Schon die antiken Schriftsteller haben ja gewußt,
daß erst nach dem Sturz des bronzezeitlichen Feudalismus das Gold
auch als Geld verwendet wurde, wie die berühmten Verse des
Lukrez (99-55 v.u.Z.) belegen: «Später erst [nach der Burgenherr-
schaft] kam das Privateigentum mit dem Gold [Geld], welches die
Starken und Schönen der früheren Ehre leicht beraubte» (*De rerum*
natura, V: 1113-1114).

Im untergegangenen Staatsozialismus – als höchst entwickelter
Befehlsgesellschaft – ist ganz besonders hoffnungsvoll nach dem
Umgang mit Eigentum, Zins und Geld geforscht worden, da zumindest von ihnen die Rede war. Diesen Begriffsimitaten entsprachen
jedoch keinerlei Operationen, wie sie in den Eigentumsgesellschaften angetroffen werden, die man da imitieren wollte. Die Termini
Staatseigentum und Volkseigentum mochten die Existenz von
Eigentum suggerieren, standen aber lediglich für riesige Besitzag-
glomerate. Titel, die man belasten, verpfänden, teilen, verpachten
und verkaufen konnte und in die man sich bei ausbleibender Schul-
dentilgung Vollstreckung gefallen lassen mußte, gab es nicht. Entsprechend wurden Grundbücher und Katasterämter – soweit noch
aus der Eigentumsgesellschaft vorhanden – höchst nachlässig geführt oder gleich ganz abgeschafft.

Die Herrscher in der Sowjetischen Besatzungszone Deutschlands
der vierziger Jahre haben bei ihrer sogenannten Bodenreform noch
gut verstanden, daß Eigentum nicht etwa dem Volk oder dem Staat
gegeben, sondern aller seiner wesentlichen Eigenschaften entledigt
wurde. Was den Eigentümern genommen wurde, kam in den
«Volkseigentumsfonds», dessen Bestand für Private «unantastbar»
war. Eine Ausnahme bildete der «Bodenreformfonds», aus dem

landwirtschaftliche Flächen der ehemaligen Großgrundeigentümer (über 100 ha) an Kleinbauern und Landarbeiter verteilt wurden. Die Bodenreformer wußten genau, daß diese Landempfänger ausschließlich Besitz-, also nur Nutzungsrechte erhielten. Sämtliche Eigentumsoperationen wurden daher ausdrücklich verboten. So heißt es in Artikel VI der Bodenrechtsverordnung (BRVO) vom 3.9.1945 des Landes Sachsen-Anhalt: «Die auf Grund dieser Verordnung geschaffenen Wirtschaften [sic!] können weder ganz noch teilweise geteilt, verkauft, verpachtet oder verpfändet werden» (Grün 1998, S. 541). Mit dem «Wirtschaften» des zugeteilten Landes war nicht Ökonomisierung, sondern ein persönliches Nutzungsrecht gemeint, das aber gleichzeitig eine Pflicht darstellte, wie wir sie aus den Feudalbeziehungen zwischen Leibeigenen und adligen Herren kennen. Wer diesem Gebot nicht nachkam – das galt vor allem für einen etwaigen Erben –, der verlor sein Besitz- bzw. Nutzungsrecht. Das Land fiel an den Bodenreformfonds zurück, der die Nutzungsrechte dann landwirtschaftlichen Produktionsgenossenschaften (LPGs) zuwies, in denen jede persönliche Nutzung durch die Genossen ausgeschlossen war. Es erfolgte mithin eine Umwandlung von Individual-*Besitz* in Kollektiv-*Besitz* – und nicht etwa von Privat-*Eigentum* in Staats-*Eigentum*.

In dem sogenannten Bodenreformurteil des Bundesgerichtshofs (BGH) vom 17.12.1998 (V ZR 200/97) haben auch höchste Juristen jenen Sachverstand gezeigt, der den ökonomischen Theoretikern des Sozialismus so bitter abgeht: «Durch die Verfügungsverbote [der Verpfändung, der Teilung und des Verkaufs], das Verbot der Verpachtung und das Gebot zur Bewirtschaftung war das Eigentum an den Grundstücken aus den Bodenreform seiner Bedeutung als Eigentum im Sinne des Bürgerlichen Rechts im wesentlichen entkleidet» (BGH 1998, § 2.1.C, S. 8). Den Richtern fehlt lediglich die Einsicht, daß es Eigentum in einem anderen Sinne als dem des bürgerlichen Rechts nicht gibt.

Dem Fehlen von Eigentum entsprach die Abwesenheit von Geld, Zins und Kreditsicherheiten. Was «Staatsbank» und «Geschäftsbanken» genannt wurde, war nichts anderes als das System einer sogenannten Monobank, in dem letztere untergeordnete Abteilungen ersterer waren. Die Staatsbank hielt keine «Vermögenswerte», mit der sie die von ihr herausgegebenen «Banknoten» regulieren oder damit gar geldpolitisch tätig sein konnte. Ihre Aktiva waren nichthandelbare «Verpflichtungen» öffentlicher Haushalte und Betriebe. Diese «Titel» stellten mithin Forderungen auf gar nichts da, da ja in Betriebe nicht vollstreckt werden konnte. Sie waren nicht in Sicherheiten umwandelbar, die jemand anders hätte übernehmen oder gar auf einem Markt handeln können. Der «Kredit» der Staatsbank ermöglichte lediglich einen Zugang zu Gütern, deren Produktion im zentralen Staatsplan vorgesehen war. Parallel zur Güterproduktion räumte die Staatsbank den Betrieben «kreditär» Sichtguthaben ein und versah über sie die Bevölkerung mit Noten. Diese Noten und Sichtguthaben wurden «Geld» genannt. Sie waren aber lediglich unspezifizierte *Gut*scheine für die zentral geplanten *Güter*mengen. Wenn sie dafür ausgegeben worden und bei den Betrieben gelandet waren, mußten sie wieder bei der Staatsbank abgeliefert werden, wobei die Betriebe ihre «Kredite» zurückzahlten. Was Zins genannt wurde, war lediglich ein Instrument zur Kontrolle, daß die Kredite auch «getilgt» wurden. Mißlang das den Betrieben, passierte ökonomisch aber auch nichts. Lediglich die Prämien für Direktoren und Werktätige konnten gekürzt werden, was als «Strafzins» bezeichnet wurde. Auf Sparkonten der Werktätigen wurde ein minimaler «Zins» gezahlt, dem jedoch kein Planprodukt entsprach.

1c Bewirtschaftung von Besitz in der Eigentumsgesellschaft

Selbstverständlich gibt es keine Eigentumsgesellschaft ohne Besitz. In ihr treten Eigentumstitel zu den Verfügungsrechten aus Besitz – wer was, wann, wo, wie und in welchem Umfang nutzen darf – hinzu. Jeder Eigentumstitel hat mithin eine Besitzseite, aber nur die Besitztitel in Eigentumsgesellschaften haben auch eine Eigentumsseite. Da der Eigentumstitel nichts mit dem Recht auf physische Nutzung zu tun hat, kann eben auch ohne Eigentum produziert werden. Für den Besitztitel braucht es nicht einmal Menschen. Auch Bienen, Ameisen, Biber und andere Lebewesen können produzieren.

Eigentumstitel hingegen gibt es nur unter Menschen. Diese Titel werden nicht physisch genutzt, sondern durch Belastung mit einer legalen Forderung aktiviert – zur Schaffung von Geld, zur Besicherung eines Kredits, zur Vollstreckung und zum Verkauf. Grund und Boden liefern ein treffliches Beispiel, um die Differenz zwischen der Nutzung eines Besitztitels und der Aktivierung eines Eigentumstitels zu illustrieren. In allen drei Gesellschaftstypen – Stamm, Feudalismus/Sozialismus und Eigentumsgesellschaft – kann die Verfügung über den Besitz einer Feldmark zum Pflügen, Einsäen und Ernten genutzt werden, also zur Hervorbringung eines greifbaren Ertrages. Gewirtschaftet wird bei dieser Nutzung der Ackerkrume jedoch nicht. Mit ihr wird lediglich durch Ausübung des Verfügungsrechts am Besitz produziert. Zu einer wirtschaftlichen Aktivierung des Ackers kann es erst kommen, wenn es an ihm zusätzlich zum Besitz auch noch einen Eigentumstitel gibt. Wollte man ein Bild gebrauchen, so könnte man sagen, daß mit dem Acker produziert, mit dem Zaun darum jedoch gewirtschaftet wird, wobei der Zaun selbstredend für den Eigentumstitel, nicht jedoch für Draht und Pfosten steht. Während der Bauer seine Feld*mark* – durch eigenen Gebrauch oder durch Verpachten – nutzt, kann er mit dem Eigentumstitel an ihr gleichzeitig und eben zusätzlich wirtschaften – und das heißt, die Eigentumsseite der Feldmark für die Beschaffung von Geld, z. B. Deutscher *Mark*, in einem Kreditkontrakt *belasten*. Die Möglichkeit der Belastung macht sie zum *Vermögen*.

Obwohl Besitz- *und* Eigentumsgesellschaften Besitz haben, ist die Besitzseite der Eigentumsgesellschaft dramatisch unterschieden von ihrem Gegenstück in Besitzgesellschaften. Während in reinen Besitzgesellschaften der Besitz von Ressourcen und Gütern nur beherrscht werden kann, wird er in der Eigentumsgesellschaft durch Belastung einer Bewirtschaftung unterworfen. Wirtschaftlich bedeutet dabei mehr als Effizienz oder Optimalität. Schließlich können in jeder Gesellschaft Menschen, aber auch andere Lebewesen, die Ressourcen so verschwendungsarm wie möglich einsetzen oder – wie es die herrschende Wirtschaftstheorie definiert – eine optimale Relation zwischen Zielen und knappen Mitteln über ihre alternative Verwendung schaffen.[4] Wo solche typischen Verhaltensweisen von Fauna und Flora zu ewigen Axiomen eines *homo oeconomicus* hochstilisiert werden, verfehlt ökonomische Theorie ihren Gegenstand.

Gegenüberstellung

Besitzgesellschaften mit *bloßer Reproduktion*	Eigentumsgesellschaften mit *Wirtschaft*
Besitz ist die Basis der materiellen Reproduktion in nicht-menschlichen sowie in Stammes- und Befehlsgesellschaften, in denen Eigentum nicht existiert. *Lediglich* Besitz ist vorhanden	**Eigentum** ist die Basis materieller Reproduktion in der Eigentumsgesellschaft («Kapitalismus», «Marktwirtschaft»), in der es den Besitz fürs Zinsverdienen umwandelt. Eigentum existiert *zusätzlich* zum Besitz. Sein belastbarer Teil ist *Vermögen*.
Besitzrechte beziehen sich auf die *materielle* – nicht eine rechtliche – *Nutzung* von Ressourcen. Aus sich heraus führen diese Rechte nicht zum Wirtschaften, das durch Zins- und Geldoperationen bestimmt wird. Ironischerweise verwendet die herrschende neoklassische Theorie den Begriff «Eigentumsrechte» für bloße Besitzrechte, die selbst ohne Begriff bleiben.	**Eigentumsrechte** sind immer *kodifizierte* Titel. Sie erlauben ihren Inhabern die *immateriellen* – eigentlichen – Operationen des *Wirtschaftens*: (i) Belastung; (ii) Sicherheitenstellung für die kreditäre Geldschaffung; (iii) Verkaufbarkeit und (iv) Vollstreckbarkeit. Besitzrechte können nur noch in Beziehung zu Eigentumsrechten wahrgenommen werden.

[4] Selbstredend gibt es auch in der Eigentumsgesellschaft Besitzseiten, die kein Gegenstand des Wirtschaftens sind und dennoch optimiert werden – wie etwa durch Verkürzung der hausfraulichen Wege in der Küche. Sie erscheinen denn auch nicht in den statistischen Gesamtrechnungen des Sozialprodukts, die allein wirtschaftlichen Größen vorbehalten ist. Das verbittert die Anhänger der Losung «Lohn-für-Hausarbeit!», macht aber ökonomisch allen Sinn.

Besitzgesellschaften *mit bloßer Reproduktion*	Eigentumsgesellschaften mit *Wirtschaft*
. . .	. . .

Steuerungsmittel der materiellen Reproduktion (Produktion, Distribution, Konsumtion)	
Angeborene Instinkte (Tierreich), Sitte oder Gegenseitigkeit (Stamm), Befehl/Plan (Feudalismus/Sozialismus) als *machtbestimmte* Regelwerke. Unabhängigen Rechtsinstitutionen fehlen. Alle sind *Unfreie*.	Kredit- und Kaufkontrakte als *gesetzlich* bestimmte Regelwerke zwischen *Freien* auf Märkten (Orte zur Gewinnung von Schuldendeckungsmitteln). Unabhängige Rechtsinstitutionen ersetzen traditions- und machtbestimmte Regelwerke.
Geld, Zins, Preis sowie Aktiva und Passiva *fehlen*. Genossenschaftliche (Stamm) oder herrschaftliche (Feudalismus/Sozialismus) Regeln bestimmen die Produktion von Gütern und ihre *marktlose* Verteilung auf Konsum, Vorratshaltung und (in Grenzen) auf Produktionsmittel, so daß Akkumlation immer *vorab* gesparte Güter erfordert. Kredit fehlt, aber intertemporale *zinslose* Güterleihe kann zur Abwendung von Notlagen auf Gegenseitigkeit vorkommen. Die blutsverwandschaftliche Solidarpflicht der Stammesgesellschaft leistet die Absicherung genereller Notlagen durch Umverteilung. Die Austeilung von Rationen durch die Herrschenden sichert gegen Notlagen in Feudalismus/Sozialismus. Diese Vorräte haben die Unfreien selbst erzeugt und wieder aufzufüllen.	Eigentum wirft den immateriellen Ertrag der *Eigentumsprämie* ab. Durch Belastung von Eigentumstiteln bei der Schaffung von Geld als notifiziertem anonymem Titel auf Eigentum (*Notengeld*) verlieren im Kreditkontrakt sowohl Gläubiger als auch Schuldner Eigentumsprämie. Der Verlust bedeutet den zeitweiligen Verlust der Freiheit, Eigentum zu belasten oder es zu verkaufen. Die Belastung des Schuldnereigentums sichert die *Zirkulationsfähigkeit* des Notengelds, die des Gläubigereigentums seine *Einlösungsfähigkeit*. Der Verlust der Eigentumsprämie des Gläubigers wird mit *Zins*, derjenige des Schuldners mit der *Liquiditätsprämie* des Geldes ausgeglichen. Letztere besteht in der Eigenschaft des Notengeldes, jederzeit Kredit- und Kaufverträge erfüllen zu können. Während des Kreditzeitraums nutzen Gläubiger und Schuldner die Besitzseiten der belasteten Eigentumstitel weiter. Da Geld ein Derivat des Eigentums und nicht des Besitzes (Güter) ist, kann Akkumulation *ohne* vorheriges Sparen stattfinden.

Die Wirtschaft ist kein System vorteilssuchender Verhaltensweisen unter Knappheitsbedingungen für einen immer weiter von irgendwelchen Fesseln zu befreienden *homo oeconomicus*, sondern Resultat der Institution des Eigentums, die jeden Menschen – ob nun altruistisch oder egoistisch – zwingt, ihre Gesetze zu beachten.

Das Eigentum führt nicht nur – und erstmals – zu ökonomischen Gesetzmäßigkeiten (*economic rules*), sondern auch zu Rechtsstaatlichkeit (*rule of law*) und Freiheit des Individuums (*life, liberty and property*).[5] So wie Freiheit nicht ohne Rechtsstaatlichkeit und Rechtsstaatlichkeit nicht ohne Freiheit zu denken ist, so kann Wirtschaft nicht ohne Freiheit *und* Rechtsstaatlichkeit existieren. Eine bloße Besitzverfassung führt weder zu Wirtschaft noch Freiheit noch Recht. Für Wirtschaft, Rechtsstaatlichkeit und Freiheit liefert also die Eigentumsverfassung das Unterfutter.[6] Die überkommenen Versuche, Freiheit, Recht und Wirtschaft an das *Individuum* zu binden, ihre Abwesenheit oder Unvollkommenheit aber dem *Kollektiv* zuzuschlagen, leben davon, Besitz und Eigentum nicht unterscheiden zu können. Entsprechend müssen sie mit der Dichotomie von *Privat*eigentum und *Staats*eigentum arbeiten, womit die Essenz von Recht, Freiheit und Wirtschaft nicht erfasst werden kann (vgl. die vorhergehende Gegenüberstellung sowie die instruktiven Darstellungen von Rainer Grünewald [2001]).

[5] Zivilrechtliche Auslotungen unserer Eigentumstheorie des Wirtschaftens haben Wolfgang Theil (2000; 2001) und Hans-Ulrich Niemitz (2000) vorgelegt. Vgl. auch Heribert Illig (1996), Rolf Steppacher (1999) und Jean Beaufort (2001).

[6] Das behaupten mittlerweile nicht mehr nur wir, sondern – mit unterschiedlichen Akzentsetzungen – auch Tom Bethell (1998), Richard Pipes (1999) und Hernando de Soto (2000). Letzterer bezieht sich dabei ausdrücklich auch auf unsere Theorie des Eigentums; vgl. de Soto (2000, S. 54-58 und 218).

2 Die Blindheit der großen ökonomischen Schulen vor dem Eigentum

Die Unfähigkeit der Ökonomen zur Unterscheidung zwischen Besitz und Eigentum hat sie an der Erkenntnis gehindert, daß nur in der Eigentumsgesellschaft gewirtschaftet werden kann. Eben dieser Mangel ist dafür verantwortlich, daß eine genuine Wirtschaftstheorie immer noch fehlt. Dieses Urteil mag überheblich klingen. Es hat jedoch kürzlich bei Harold Demsetz, einem der bedeutendsten Vertreter der Theorie der Eigentumsrechte oder Neuen Instituitionenökonomie, Unterstützung gefunden. Demsetz bezeichnet die Eigentumsgesellschaft als Kapitalismus. «Obwohl sich unsere theoretischen Konzepte über den Kapitalismus in dem Maße verbessert haben, in dem die herrschende Wirtschaftslehre sich entwickelt hat, sind sie niemals zu einer Theorie des Kapitalismus herangereift» (Demsetz 1998, Sp. 144a).

Während wir den Ökonomen eine gänzliche Vernachlässigung der Institution des Eigentums nachweisen, klagen die Institutionen-Ökonomen darüber, daß die klassische und die neoklassische Ökonomie den Eigentumsrechten, so wie sie von ihnen aufgefaßt werden, nicht genügend Aufmerksamkeit geschenkt haben: «Was hat die herrschende Wirtschaftstheorie denn während all ihrer 200 Jahre betrieben, außer den Kapitalismus zu studieren? Von Adam Smith und David Ricardo bis hin zu Alfred Marshall und Léon Walras haben die Ökonomen sich angestrengt, die Mikro- und Makrooperationen des Preissystems zu verstehen. Das System der Eigentumsrechte kommt nur implizit in der sich herausbildenden Theorie vor. Die Theorie setzt die Grundlegung des Kapitalismus durch Eigentumsrechte stillschweigend voraus. Sie erforscht aber nicht die Be-

deutung der rechtlichen Abmachungen, die mit dem Eigentum ver-
knüpft sind» (Demsetz 1998, Sp. 144a).

Nehmen wir Demsetzs Frage auf und prüfen genauer, was die
Ökonomen beim Studium des Kapitalismus in den letzten 200 Jahren getan haben. Um sie zu beantworten, wollen wir die drei großen
Theorieschulen der Nationalökonomie dieser Zeit nacheinander anschauen: Klassik, Neoklassik und Keynesianismus.[7] Unser Entwurf
und die drei Theorieschulen haben alle ein und dasselbe Wirtschafts-
system zu studieren. Alle räumen ausdrücklich ein, daß es Geld und
Zins gibt und diese elementaren Größen auch erklärt werden müssen. Alle verwenden überdies in der einen oder anderen Weise den
Terminus *Eigentum*. Unsere Analyse hat jedoch gezeigt, daß die drei
dominierenden Schulen die *konstitutive ökonomische Rolle* des
Eigentums nicht einmal zu sehen vermögen. Sie gleichen dem Fisch,
der das Wasser erst versteht, wenn er aus Land geworfen wird. Die
einzigartige Qualität des Eigentums, verpfändbar und damit Gegenstand der Vollstreckung zu sein, die allein Zins und Geld möglich
macht, entgeht allen dreien.

2a. Die klassische Ökonomie

Das **Privateigentum** steht im Zentrum der Klassik. Es gibt kaum
einen stärker betonten Begriff in den klassischen Schriften als dieses
– mal als Segen gepriesenes, mal als Fluch verteufeltes – Element des
Kapitalismus. Adam Smith konnte sich keine Gesellschaftsform
ohne die Existenz von Eigentum vorstellen – nicht einmal «in ihrem
frühen und rohen Zustand» eines «Stammes von Jägern» (Smith

---

[7] Wir diskutieren hier nicht den «vorwissenschaftlichen» Merkantilismus,
der diesen Schulden zeitlich vorausgeht. Er findet seine Vollender in dem bis
auf den heutigen Tag vernachlässigten James Steuart (1713-1780), dem wir im
folgenden noch begegnen werden. Siehe sein Werk *An Inquiry into the
Principles of Political Oeconomy* (Steuart, 1767). Für eine nähere Diskussion
Steuarts vgl. Stadermann/ Steiger 1999a, S. 19-49 und 2001, S. 45-86.

1776, S. 47). In einem weiter fortgeschrittenen Zustand verwandelt sich – gemäß Smith – das Eigentum lediglich von einem «Gemeineigentum» zu einem individuellen oder «Privateigentum». Profit und Grundrente sind seine spezifischen Charakteristika und treten als neue Einkommensquellen neben einen immer schon existierenden Lohn, der als *Reproduktionslohn* unterstellt wird: «Sobald bestimmte Personen Kapitalgüter in ihren Händen akkumuliert haben, werden einige von ihnen sie dazu verwenden, fleißige Leute zu beschäftigen. Sie werden sie mit Werkzeugen und Unterhaltsmitteln versehen, um aus dem Verkauf ihrer Arbeitsprodukte einen Profit zu schlagen. ... Sobald aller Grund und Boden eines Landes *Privateigentum* geworden, lieben es die Grundherren – wie alle anderen Menschen auch – zu ernten, wo sie nicht gesät haben, und sie fordern eine Rente selbst für den natürlichen Ertrag von Grund und Boden» (Smith 1776, S. 48 f.; unsere Hervorhebung).

Die Klassik konzentriert sich auf eine Betrachtung des «*Privat*eigentums», das ihr als private Herrschaft – im Unterschied zur kollektiven Herrschaft eines ursprünglichen «*Gemein*eigentums» – über physische Ressourcen erscheint, die eine Ausbeutung derer ermöglicht, denen der Ressourcenzugang versperrt ist. Am Privateigentum interessiert die Klassik mithin die *Macht* zur Aneignung, die im Prinzip jeder Mensch sofort nutzen würde. Da aber nach dem Zerfall des Gemeineigentums nicht alle Menschen Privateigentum erworben haben, können nur einige wenige seinen Herrschaftsvorteil ausspielen. Einer natürlichen Gier der menschlichen Gattung folgend beuten deshalb die Privateigentümer die Eigentumslosen aus, was insbesondere Karl Marx betont hat. Die Klassik liefert aber keine ökonomische Theorie, sondern eine soziologische Lehre in Form einer *Theorie der Herrschaft* über Güter und Ressourcen. Vorgefundene ökonomische Kategorien – vor allem Privateigentum, Profit und Rente – werden im wesentlichen aus diesen Herrschaftsbeziehungen erklärt.

An der Geschichte ihres immer schon als *homo oeconomicus* aufgefaßten Menschen interessiert sich die Klassik für eine Evolution

der Herrschaft über Ressourcen. Beim Eigentum, das als Gemein-
eigentum von Anfang an existiert haben soll, herrschen alle, so daß
Einkommen nur als Lohn für Arbeit entsteht. Auf der entwickelten
Stufe herrschen einige Privateigentümer, die «Kapitalisten» (David
Ricardo [1817]) sowie die Grundherren, so daß die Abpressung von
Profit und Rente möglich wird. Auf beiden Stufen wird aber nur die
Nutzung von Ressourcen und Gütern betrachtet – auf der ersten die
Nutzung durch alle gemeinsam, auf der zweiten die durch be-
stimmte herrschende Klassen. Es geht also um *Besitz* und keines-
wegs um Eigentum, dessen Begriff allerdings – und das nicht selten
in imponierender Wortgewalt – irreführend für Besitz gebraucht
wird. Der Begriff Besitz hingegen wird von der Klassik vermieden.
Kapitalismus (Marx [1867]) – verstanden als eine *Herrschaftsverfas-
sung* – liefert denn auch das Etikett für ihre Wirtschaftsverfassung.

Der Klassik erscheint die Wirtschaft als eine **Real-Tauschwirt-
schaft**. In ihrer Rohform prägt diese Tauschwirtschaft bereits das
Urstadium des Gemeineigentums. Sie entspringt der «Neigung des
Menschen» (Smith), seine ihm zur Verfügung stehenden Güter und
Ressourcen zu eigenem Vorteil zu tauschen. Der Tausch bringt die
Arbeitsteilung als gewaltige Produktivkraft hervor, die nur durch die
Ausdehnung des Marktes begrenzt wird. Dabei erscheint der Markt
eher als beiläufiger Ort für die Erfüllung des Primärinteresses der
Reproduktion des Kapitals mit Überschuß, das heißt einer Herr-
schaft der Kapitalisten über die Ressourcen, die zum Profit führt.
Auf dem Markt erscheint der Wert der Arbeit als «natürlicher Preis»
(Smith), der die Tauschwerte oder relativen Preise aller Waren bestimmen soll und um den die tatsächlichen Marktpreise lediglich
schwanken. Da diese Arbeitswerttheorie – immerhin das Herzstück
der Klassik – auf ihrer *Annahme* eines Reproduktionslohnes fußt,
wird der natürliche Preis aber nicht erklärt, sondern vorausgesetzt
(Stadermann/Steiger 2001, S. 95 f.). Wir werden noch sehen, daß bei
ihrer grenznutzentheoretischen Erklärung der Preise der Neoklassik
ein ähnliches Mißgeschick unterlaufen ist.

Als **Geld** fungieren Münzen, die aus einem vorhandenen Bestand an Edelmetallen – also bereits produzierten Gütern – geschlagen werden. Sie werden also nicht im Kredit geschaffen und nach seiner Tilgung auch nicht wieder vernichtet. Obwohl einzelne Klassiker – wie insbesondere Ricardo – wissen, daß Geld nur gegen gute Sicherheiten und für marktübliche Zinsen verliehen wird, bleibt die kreditäre Schaffung von Banknoten oder Papiergeld ohne Auswirkung auf den Umfang der Wirtschaftstätigkeit. Diese wird allein durch den vorhandenen Kapitalgüterbestand bestimmt. Wiewohl die Klassik Papiergeld und die mit ihm verbundenen «bankenmäßigen Operationen» kennt und auch sieht, daß die Papiergeldmenge nicht unbedingt in Edelmetall einlösbar sein muß, wird Geld als aktive Größe, die den Produktionsprozeß über den Kredit vorantreibt, nicht ins Auge gefaßt. Die Klassik fordert lediglich, daß die Papiergeldmenge entsprechend dem Wert eines zum Geldstandard erklärten Edelmetalls, beispielsweise Gold, reguliert wird, um Inflation und Deflation zu vermeiden. Der über Papiergeld laufende Kredit dient mithin allein zur besseren Mobilisierung der als Umlaufkapital angesehenen Goldmenge und zur Senkung von Transaktionskosten, die beim Gebrauch diese Metalls selbst anfallen würden. Kurz gesagt: Für die Klassik dient Geld ausschließlich der Tauscherleichterung. Es gilt als besonderes Gut für die Lösung des Problems der Nichtübereinstimmung von Gütertauschwünschen. Als Recheneinheit wird dieses Gut als universaler Wertmesser für jeglichen Handel aufgefaßt.

Auch dem **Zins** gesteht die Klassik eine wirtschaftstreibende Funktion nicht zu. Auf der Stufe des Gemeineigentums gibt es ihn noch nicht. Er erscheint erst auf der Stufe des Privateigentums mit den neuen Einkommensarten Grundrente und Profit. Dabei gilt er als vom Gütertauschmittel Geld abgetrennt und wird lediglich als Derivat des Profits aufgefaßt. Dieser entsteht als Ertrag des gesparten Gütereinkommens, das in Form von Kapitalgütern akkumuliert wird, also bei der Nutzung dieser Kapitalgüter anfällt. Die Erlangung des Profits ist mithin an die privateigentümliche Verfügungsmacht über Kapitalgüter gebunden. Die Kapitalisten – als Herren der Produktion –, die ihren Geldvorschuß erst noch leihen müssen, haben den «Geldleuten» – Ricardos (1817, S. 89) «moneyed class» – als Herren über die Geldbestände –, die nicht selbst akkumulieren, sondern nur verleihen wollen – einen Teil ihres Profits als Zins zu überlassen. Den durch Zins auszugleichenden Verlust verankert die Klassik also im Verzicht der Geldbesitzer auf eigenes Profitmachen.

Die Klassiker wußten, daß dieser **Kredit** zu ihrer Zeit über die Diskontierung von guten Handelswechseln (*real bills*) vonstatten lief. Dieser Wechsel wird bei ihnen jedoch nicht als durch das Eigentum ihrer Indossenten gesicherter Titel analysiert, sondern als ein Besitztitel auf bereits produzierte Güter, gegen die der Wechsel in der Tat emittiert wird. Diese Vorstellung führte zu der von Adam Smith begründeten *real bills*-Doktrin der Banking-Schule, nach der eine Überemission von Banknoten nicht stattfinden könne, weil der Kredit in Form des – von einem Produzenten-Verkäufer ausgestellten – Wechsels zu einer Emission von Banknoten in gleichem Umfang führe, die immer durch die bereits produzierten Waren dieses Verkäufers gesichert seien. Der Irrtum dieser Sichtweise (die sogenannte *real bills fallacy*) liegt nicht in erster Linie – wie in der Literatur verkürzt behauptet wird – in der Gleichsetzung von (Wechsel-) Kredit und Geld. Der entscheidende Irrtum liegt vielmehr – worauf insbesondere Joseph Schumpeter aufmerksam gemacht hat – darin, daß die Banknotenemission rein empirisch unabhängig von bereits vorhandenen Gütern erfolgt. Bei der Frage nach dem Warum dieses offensichtlichen Vorschusses der Banknoten gegenüber erst noch zu produzierenden Gütern verfiel er dann auf die Idee der Geldschaffung für innovative Produktionsideen «aus *Nichts*.[8] / ... Vielmehr ist es da völlig klar, daß Kaufkraft geschaffen wird, der zunächst keine

---

[8] Auch Hawtrey (1932, S. 131) verwendet die Formulierung «create currency ... out of nothing», weil Gold für die Deckung nicht unbegrenzt zur Verfügung steht. Er vergißt aber nicht, daß die Geschäftsbanken selbst in einer Krisensituation nur gegen gute Sicherheiten, die nicht derselben Begrenzung unterliegen, bei der *Bank of England* Noten erhalten dürfen.

neuen Güter entsprechen. ... Nicht nur über die vorhandene Geldbasis, sondern auch über die vorhandene Güterbasis ladet das Kreditgebäude aus» (Schumpeter 1926, S. 108 f./147).

Ungeachtet seiner Zurückweisung einer Güterbasis des Geldes ist gegen Schumpeter aber einzuwenden, daß die Suche der Klassik nach einem Besicherungsanker für die Geldemission keineswegs töricht war. Lediglich die Beschränkung dieser Suche auf die Güterwelt führte zu einem törichten Ergebnis. Geld ist ja gerade nicht durch Besitztitel auf Güter gesichert, sondern durch Eigentumstitel, die jenseits und zusätzlich zum Güterbesitz existieren. Schumpeter und Klassik unterliegen aber auch einem gemeinsamen Irrtum: Ein Handelswechsel kann nicht wegen eines ihm zugrunde liegenden Warengeschäfts in Geld verwandelt werden. Eine Warenmenge findet in diesem Vorgang keinerlei Berücksichtigung. Es ist – neben dem des Ausstellers, des Warenverkäufers – allein das Eigentum sämtlicher Akzeptanten des Wechsels – einschließlich des Bezogenen, also des Warenkäufers – mit dem für die Wechselsumme gehaftet wird.

2b Die neoklassische Ökonomie

Die Neoklassik kümmert sich um die Differenz zwischen Besitz und Eigentum genauso wenig wie die Klassik. Sie setzt Eigentum mit **Eigentumsrechten** – *property rights* – gleich und ist überzeugt, daß diese nur als Besitzrechte gefaßt werden können, wobei sie allerdings den Begriff Besitz tunlichst vermeidet. Das läßt sich sehr schön am frühen Neoklassiker Irving Fisher zeigen: «Was bedeutet es, *Eigentümer* von Reichtum zu sein? Wir antworten: das Recht darauf, ihn zu *nutzen*. Ein solches Recht wird Eigentum genannt oder genauer ein *Eigentumsrecht*. / Das Recht einer Person an der Nutzung eines Gegenstandes des Reichtums kann als seine Freiheit, beschränkt nur durch Gesetz und Gesellschaft, definiert werden, sich an den Leistungen dieses Gegenstandes zu erfreuen» (Fisher 1906, S. 18/20; unsere Hervorhebungen).

Die moderne Allgemeine Gleichgewichtstheorie unterscheidet sich hier nicht von Fisher. Das kann an ihrem führenden Vertreter Gérard Debreu gezeigt werden, der «Privateigentumswirtschaften» definiert als «Ökonomien, in denen die Konsumenten die *Ressourcen als Eigentum haben* [*own the ressources*] und die Produzenten kontrollieren» (Debreu 1959, S. 78). In den Worten «Ressourcen als Eigentum haben» bedeutet «Eigentum haben» nichts anderes als «besitzen», denn in Debreus Modell verleiht der Verkauf der Ressourcen durch die Konsumenten an die Produzenten letzteren das Recht, sich am Nutzen der Ressourcen zu erfreuen.

Die Gleichsetzung des Eigentumsrechtes mit dem Recht auf physische Nutzung eines Gutes findet sich ungebrochen auch in der – bei aller Kritik an der Neoklassik – neoklassisch bleibenden Schule der Neuen Institutionenökonomie, als deren prominentester Vertreter – neben Demsetz – Armen Alchian gilt: «Das *Eigentumsrecht* an einem Gut ist ein Recht, aus seinen, und nur seinen, möglichen *physischen Nutzungen* eine Auswahl zu treffen» (Alchian 1992, Sp. 223a ; unsere Hervorhebungen).

Ganz wie die Ökonomen der Klassik ziehen Alchian und Demsetz eine Trennlinie zwischen dem Gemein- oder Staatseigentumsrecht auf der einen und dem Individual- oder Privateigentumsrecht auf der anderen Seite. Im Unterschied zu ersterem ist letzteres Recht an eine bestimmte Person geknüpft, die «dieses Recht an andere Personen im Austausch gegen zumindest ähnliche *Rechte auf* andere *Güter* veräußern kann» (Alchian 1972, Sp. 223a; unsere Hervorhebungen; vgl. auch Demsetz 1998, Sp. 154b).

Ungeachtet seiner temperamentvollen Unzufriedenheit über die mangelnde Behandlung von Eigentum in der herrschenden Theorie weicht auch Demsetz von einem Fisher oder einem Debreu nicht ab, wenn er Eigentumsrechte mit «Nutzungsrechten» gleichsetzt (Demsetz 1998, Sp. 151b). Immerhin räumt er ohne Umschweife die Schwierigkeit ein, den eigentlichen Kern der Eigentumsrechte zu identifizieren. Diese Rechte «kommen dem Eigentümer als jener Person oder Gruppe zu, die – im Vergleich mit anderen – die wichtigste Untergruppe von exklusiven, veräußerbaren und mutmaßlichen Rechten ausübt. Es gibt keinen einfachen Weg, allgemeine Aussagen zu dieser ‹wichtigen Untergruppe› zu treffen» (Demsetz 1998, Sp. 146a). Weil er alle Aufmerksamkeit auf den Besitz – wiederum ohne Verwendung dieses Begriffes – richtet, muß er verfehlen, was er doch so ernsthaft sucht – das Recht des Eigentümers, sein Eigentum zu belasten, es als Vermögen einzusetzen.

Soweit uns bekannt, kommt weder Demsetz noch irgendein anderer Vertreter der Neuen Institutionenökonomie auch nur in die Nähe der Belastung als der alles entscheidenden Eigenschaft des Eigentums, die den dramatischen Unterschied zwischen einem bloßen Produktionssystem und einer genuinen Wirtschaft bewirkt. Diese junge Richtung der Neoklassik sollte sich nicht scheuen, ihre Theorie endlich richtig als Schule der Besitzrechte (*possession rights*) zu bezeichnen und die Eigentumsrechte (*property rights*) denjenigen überlassen, die ihre Analyse auf die Belastung des Eigentums richten.[9]

[9] Jürgen Backhaus hat unsere Theorie als originellen Beitrag zum Verständnis des Geldes beurteilt, meint jedoch, daß dieser Fortschritt lediglich einer erstmaligen Anwendung der *property rights*-Theorie auf das Geld geschuldet sei (eine ganz ähnliche Kritik findet sich bereits bei Malte Krüger [1996]). Insbesondere bei Demsetz (1998) hätten wir finden können, wie nah die Neue Institutionenökonomie und wir beieinander lägen: «Mehrere Autoren der ökonomischen Theorie der Eigentumsrechte argumentieren ganz wie Heinsohn und Steiger. So hat etwa Harold Demsetz im *New Palgrave Dictionary of Economics and the Law* (1998) das Stichwort *propertery rights* geschrieben und darin die Eigentumsrechte als solche der Verfügungsexklusivität, der Veräußerbarkeit und der eindeutigen Zuschreibbarkeit definiert» (Backhaus 2000, S. 160). Demsetzs eigenes Eingeständnis, daß es so schwer sei, das Entscheidende an den Eigentumsrechten zu erfassen, wird bei Backhaus nicht einmal zur Kenntnis genommen. Daß in seiner Aufzählung *à la* Demsetz dann wiederum die Kollateralisierung fehlt, zeigt, wie auch ihm die Essenz des Eigentums für das Wirtschaften dunkel geblieben ist. Die Unterscheidung zwischen Eigentum und Besitz kommt bei Backhaus denn auch gar nicht zur Sprache. Die drei bei Demsetz genannten und von Backhaus paraphrasierten

Man könnte erwarten, daß wenigsten dort, wo wirklich einmal auf Besitz auch im Wortsinne geschaut wird, sein Unterschied zum Eigentum doch noch verstanden wird und nicht länger Besitzrechte unter der Flagge der Eigentumsrechte segeln. Unseres Wissens ist das *New Palgrave Dictionary of Economics and the Law* das erste ökonomische Werk, das ein eigenes Stichwort «Besitz» (*possession*) zugelassen hat (Epstein 1998). Wohin führt es uns? Wird verstanden, daß ein bloßes Besitzrecht die Belastung ausschließt? Daran wird nicht einmal gedacht. Ganz im Gegenteil, Besitz wird definiert «als Quelle aller Eigentumsrechte» (Epstein 1998, Sp. 62b). Diese Aussage bestätigt einmal mehr, daß die Neue Institutionenökonomie lediglich einen Gesichtspunkt des Besitzes berührt, wenn sie sich dem Begriff Eigentum zuwendet: «Leute haben Eigentum, um es zu besitzen genau so wie sie es besitzen, um es zu *nutzen*»[10] (Epstein 1998, Sp. 68a, unsere Hervorhebung).

Der dunklen Diktion Richard Epsteins entgeht jede Möglichkeit einer grundlegenden Trennung von Eigentum und Besitz. Eine solche Trennung faßt er nur dann ins Auge, wenn er den Besitzschutz beim Übergang des Besitzes von einem Eigentümer zu einem anderen analysiert. Die für das Wirtschaften grundlegende Differenz zwischen einem Eigentumstitel, der belastet werden kann und einem Besitzrecht auf physische Nutzung will einfach nicht ins Blickfeld treten.

Eigenschaften der Eigentumsrechte übergehen gerade die wesentliche der Belastbarkeit. Lediglich bei der freien Veräußerbarkeit ist ein Element des Eigentums *mit*erfaßt, das dem bloßen Besitz abgeht: die freie Verkaufbarkeit. In Besitzgesellschaften gibt es freie Veräußerbarkeit selbstverständlich auch. Sie beschränkt sich im wesentlichen auf die Formen des Geschenks und der Zuweisung von Gütern durch Herren. Die Verkaufbarkeit fehlt, und bezeichnend ist, daß die *property rights*-Schule nicht einmal diese wesentliche Unterscheidung innerhalb des «Eigentumsrechts» freie Veräußerbarkeit zu benennen vermag.

[10] Im Original: «People own property so that they may possess it, just as they possess it, so that they may use it.»

Es kann denn auch nicht verwundern, daß die Institutionsökonomen niemals zwischen solchen Gesellschaften unterscheiden, die nur über individuelle und kollektive Besitzrechte verfügen, und Gesellschaften die zusätzlich individuelle und kollektive Eigentumstitel zu individuellen und kollektiven Besitztiteln aufweisen. Dadurch wird Eigentum umstandlos in Stamm, Feudalismus und Sozialismus am Werke gesehen, in denen lediglich die Beziehungen zwischen individuellen und kollektiven Rechten auf Ressourcennutzung analysiert, aber als Eigentumsrechte bezeichnet werden (typisch dazu etwa Bailey 1998; Libecap 1998; Pistor 1998).

Die Verwechslung von Eigentum mit Besitz (der physischen Nutzung von Gütern und nicht ihrer immateriellen Belastung) dominiert auch im Denken neoklassisch geschulter Wirtschaftshistoriker, die nach den Gründen für das Wachstum in verschiedenen Epochen gesucht haben. Unter Berufung auf die Lehre der Neuen Institutionenökonomie glauben sie, daß Wirtschaftswachstums stattfindet, «wenn die Eigentumsrechte es lohnend machen, eine gesellschaftlich produktive Aktivität in Angriff zu nehmen» (North/Thomas 1973, S. 8).

Auch Douglass North und Robert Thomas halten den Unterschied zwischen Gemein- und Privateigentum für wichtig, nicht jedoch den zwischen Besitz und Eigentum. Sie machen die «Ressource im Gemeineigentum» für Stagnation und Niedergang verantwortlich: «Jeder *Nutzer* hat einen Ansporn, die Ressource ohne Rücksicht auf andere *Nutzer* auszubeuten, was zu einer kontinuierlichen Verschlechterung der *Ressource* führt. ... Da keiner Eigentum an der Ressouce hat [no one owns the resource] gibt es keinen Ansporn, die Ressource zu erhalten oder die Effizienz bei ihrer *Nutzung* zu verbessern» (North/Thomas 1973, S. 19; unsere Hervorhebungen). So etwas könne nur erreicht werden, wenn die «Eigentumsrechte» von einer gemeinschaftlichen Nutzung in eine individuelle oder private Nutzung überführt werden.[11]

---

[11] Hätten die Wirtschaftshistoriker auch in die Geschichte der Gesetzgebungen geschaut, hätten sie leicht finden können, daß vom Wesen des

Solche Überzeugung tut nicht nur der Eigentumsgesellschaft, sondern auch den Besitzgesellschaften Unrecht. Der Herleitung von Effizienzmängeln aus «keiner hat Eigentum» im gemeinten Sinne von «keiner hat Individualbesitz» fehlt jegliche Begründung. Denn es gibt ja in den Besitzgesellschaften, die in der Tat wenig Wachstum aufweisen, sowohl individuelle Besitzer als auch kollektive. Effizienz und Wachstum können also nicht aus der Überlegenheit einer individuellen Aktivität gegenüber einer gemeinschaftlichen folgen, denn die individuelle kennzeichnet jede Besitzgesellschaft seit dem Neandertaler mit seinem höchst individuellen Faustkeil.

Die Verwechslung von Eigentum und Besitz wird augenscheinlich auch im Herzstück der Neoklassik, ihrer Wert- und Preistheorie – genauer: in der Vorstellung eines Individuums, das eine gegebene und daher knappe Anfangsausstattung von Ressourcen und Gütern für alternative Nutzungsmöglichkeiten optimiert. Dieses Individuum wird als Eigentümer bezeichnet, ist aber lediglich ein Besitzer. Nichtsdestoweniger gelangt die Neoklassik mit ihrem Konzept einer Optimierung der physischen Nutzung von Gütern über das nichtökonomische Konzept der Herrschaft über Ressourcen in der Klassik hinaus. Sie stellt sich so zumindest den Anforderungen einer genuinen Theorie der Wirtschaft. Die Verwechslung von Eigentum mit Besitz verhindert jedoch die Erklärung der Mechanismen, die ein Individuum zur Ökonomisierung seiner Ressourcen eisern zwingt. Ihre *ad hoc*-Annahme einer gegebenen Anfangsausstattung, die bedeute, daß Ressourcen knapp sind und sie bewirtschaftet werden müssen, ist unzulänglich. Schließlich sind Güter in jeder Gesellschaftsform knapp, ohne daß jedoch jede Gesellschaftsform ein System des Wirtschaftens hervorzubringen vermag. Knappheit ist eine notwendige, aber keine hinreichende Bedingung für das Wirt-

Eigentums noch gar nichts verstanden ist, wenn man gemeinschaftliches von individuellem Eigentum abgrenzt. So dekretiert die nachnapoleonische Verfassung Frankreichs vom 4. Juni 1814 im Artikel 9: «Alles Eigentum ist unverletzlich, ohne Ausnahme dessen, was man Nationaleigentum nennt, da das Gesetz zwischen beiden keinen Unterschied macht» (Heidelmeyer 1996, S. 68).

schaften. Die Bewirtschaftung knapper Ressourcen muß also einen anderen Grund haben als die besitzmäßige Ausstattung mit knappen Gütern.

Ähnlich wie die Klassik analysiert auch die Neoklassik die Wirtschaft als eine **Realtauschwirtschaft**. Anders als die Klassik sieht sie den Markt jedoch als das strategische Zentrum, in dem die individuellen Optimierungsentscheidungen realisiert werden. Aus diesem Grund interessiert sie sich nicht für verschiedene Entwicklungsstufen der Herrschaft über Ressourcen, sondern für die Marktverfassung. Ja, sie hat den Begriff *Marktwirtschaft* weltweit als regelrechtes Markenzeichen durchsetzen können.

Auf dem neoklassischen Markt gibt es keine natürlichen Preise. Die Tauschwerte der Waren werden denn auch nicht *à la* Klassik durch ihre Arbeitswerte bestimmt, sondern durch ihre Grenznutzen. Die Neoklassik überwindet den Widerspruch zwischen Tausch- und Gebrauchswert einer Ware aus der klassischen Wert- und Preistheorie, indem sie zeigt, daß ein im Gebrauch wertvolles Gut – wie etwa Wasser – einen nur niedrigen Tauschwert hat, da für ein Individuum der Gebrauch seiner letzten Einheit, sein Grenznutzen, gering ist, weil es reichlich vorhanden ist. Umgekehrt hat ein im Gebrauch minderwertiges Gut – wie etwa Brillanten – einen hohen Tauschwert, da der Gebrauch seiner letzten Einheit sehr begehrenswert ist, da sie knapp sind. Der relative Preis von Wasser zu Brillanten soll sich also über das Verhältnis ihrer jeweiligen Grenznutzen bestimmen, indem die Individuen mit ihren Anfangsbeständen ihren Gesamtnutzen maximieren. Dabei wird elegant übersehen, daß diese Optimierung nur für Leute möglich ist, denen die Preise bereits bekannt sind. Die Neoklassik erklärt also die Preise nicht über die Grenznutzen, sondern die Individuen passen die Grenznutzen bei der Optimierung an die ihnen vorgegebenen Preise an (Stadermann/ Steiger 2001, S. 221-251; vgl. aber auch schon *Eigentum, Zins und Geld*, S. 48).

Das neoklassische **Geld** ist, ganz wie das klassische Geld, lediglich ein besonderes Gut. Anders als in der frühen Neoklassik

wird es aber heute nicht mehr mit Edelmetall – also einer produzierten Ware – gleichgesetzt, sondern als ein intrinsisch wertloser Stoff,
der dem wirtschaftlichen Prozeß äußerlich bleibt (*outside money*),
verstanden. Dieser Stoff ist ein Bestand an sogenanntem uneinlös-
baren Zeichengeld, der von einer – als monetäre Behörde betrach-
teten – Zentralbank in Form von Banknoten sowie Guthaben bei
der Zentralbank, dem sogenannten Zentralbankgeld oder auch der
monetären Basis, herausgegeben und von ihr durch Offenmarkt-
operationen kontrolliert wird. Dabei wird angenommen, daß diese
Operationen im wesentlichen aus dem Kauf und Verkauf von
Staatsschuldtiteln bestehen, die ebenfalls als der Wirtschaft äußerlich angesehen werden. Bisweilen wird das Zentralbankgeld auch
gleich noch als Staatsschuldtitel definiert.

Daß bei der kreditären Schaffung des Geldes Eigentum zu belasten ist, wird nicht Gegenstand der neoklassischen Analyse. Uner-
kannt bleibt auch – genau wie in der Klassik –, daß doch erst durch
diese Geldschaffung eine Produktion entstehen kann, die nicht
durch einen vorhandenen Bestand an Gütern und Ressourcen beschränkt wird. Deshalb kann Geld als aktive Größe, die den Wirt-
schaftsprozeß treibt, nicht einmal in Erwägung gezogen werden.

Die Neoklassik interessiert an der Geldschaffung allein, daß die
Produktion nicht durch Inflation oder Deflation gestört wird. Die
Produzenten sollen also von der Zentralbank mit einer angemessenen Geldmenge ausgestattet werden, die dem «wohlgeregelten Papiergeld» der Klassik nicht unähnlich ist. Geld soll also *neutral* sein.
Den Vorteil des Geldes sieht die Neoklassik – wiederum nicht
anders als die Klassik – im wesentlichen darin, daß es die Transaktionskosten des Tausches zur Optimierung knapper Güter senkt. Als
intrinsisch wertloses Standardgut oder *numéraire* soll es die Bestimmung der relativen Preise aller anderen Güter ermöglichen. Im
«best entwickelten Modell» der neoklassischen Realtauschwirtschaft, «der Arrow-Debreu-Version eines walrasianischen Allgemeinen Gleichgewichts», ist die Existenz eines «intrinsisch wertlosen
Geldes» weder erforderlich noch wünschenswert (Hahn 1982, S. 1).

Da gleichwohl die Existenz des Geldes von niemand bezweifelt werden kann, bildet es die «ernsthafteste Herausforderung» (Hahn) der Neoklassik.

Selbst dem Monetarismus – als dominierender neoklassischer Geldtheorie – ist das unstrittig umlaufende Zeichengeld unheimlich. Sogar ihr Begründer, Milton Friedman, sieht es als bislang «unerforschtes Terrain» an. Das System, in dem dieses Geld geschaffen wird und das er «Papiergeldstandard» nennt, habe nichts mehr gemein mit jener Zeit des Goldstandards, als «das Angebot von Edelmetall als langfristiger Anker» für das Geldsystem fungiert habe (Friedman 1992, Sp. 262a). Friedman kann bei seiner Suche nach einem modernen Anker gar nicht fündig werden, weil er sich ihn nur als einen Güterbestand oder eben Besitz vorzustellen vermag. Die Suche nach Eigentumstiteln für die Geldverankerung kann er dann gar nicht mehr aufnehmen. Überdies versteht er nicht, daß Gold keineswegs als besonders Gut, sondern lediglich als eine Variante von Eigentum Geld gesichert hat, die auch in der alten Zeit durch viele andere Vermögenswerte oder Aktiva ersetzt werden konnte.

Was ist nun für die Neoklassik der Verlust, der mit **Zins** kompensiert werden muß? Wie antwortet sie auf die Kernfrage der Wirtschaftstheorie? Der neoklassische Zins wird – wiederum nicht anders als in der Klassik – mit dem Geld in keinerlei genetische Verbindung gebracht. Er wird allerdings nicht als Entschädigung für den Verzicht auf eigenen Profit durch einen Geldkapitalisten gesehen. Vielmehr soll der Zins – entsprechend der neoklassischen Zeitpräferenztheorie – als Ausgleich für den Verlust dienen, den ein Konsument dadurch erleidet, daß er auf den Gegenwartskonsum seines Einkommens an Gütern, den er höher schätzt als den Zukunftskonsum, verzichtet. Für dieses *Sparen* fordert der Konsument eine Prämie, die es ihm erlaubt, in der Zukunft einen entsprechend höheren Konsum zu genießen. Diesen Anspruch kann er allein dadurch realisieren, daß er das Gesparte in einem Güter-Kreditkontrakt, der in Geld lediglich eingekleidet wird, gegen Zins an einen Produzenten verleiht.

Keynes' Attacke in seiner *General Theory* (1936) auf die neoklassische Zinstheorie mit seiner Erklärung des Zinses aus der Unsicherheit zukünftiger Zinssätze ist von der Neoklassik sehr schnell pariert worden: «Wenn wir fragen, was letztlich die Beurteilungen der Vermögensbesitzer [*wealth-owners*] darüber bestimmt, warum der zukünftige Zins sich vom gegenwärtigen unterscheiden soll, müssen wir eben doch zu den Fundamentalphänomenen der Produktivität und Sparsamkeit zurück» (Robertson 1940, S. 25). Von dieser Rückkehr ist die Neoklassik auch nicht wieder abgerückt. Keynes' vage Termini wie Leihfonds (*loanable funds*) oder liquide Ressourcen sind der Neoklassik unfreiwillig weit entgegen gekommen, weil sie darunter umstandslos ein Angebot an Ressourcen in monetärer Einkleidung verstehen konnten. Die Leihfonds bestehen für die Neoklassik entsprechend aus laufendem Sparen (von Ressourceneinkommen), der Liquidierung früheren Sparens (also gehaltener Bestände), Horten von Geldbeständen (*money balances*) und zusätzlichen Bankkrediten. Horte werden dabei als Ressourcen in Geldform definiert. Investitionen, die nicht aus gesparten Ressourcen finanziert werden können, müssen über eine Enthortung von Ressourcen (Beständen) finanziert werden, das heißt setzen einen Bestand an Geld voraus.

Die moderne Variante der Leihfondstheorie arbeitet mit der Annahme, daß das Sparen gänzlich im Kauf von Anleihen besteht und die Investitionen ausschließlich durch die Ausgabe von Anleihen finanziert werden (Horwich 1997). In der einfachsten Formulierung des Modells als Gleichgewicht von Bestands- und Stromgrößen sind sowohl die Bestands- als auch die Strommärkte bei identischem Realzinssatz im Gleichgewicht: der (i) Strommarkt realen Sparens und realer Investition sowie die Bestandsmärkte für (ii) Angebot und Nachfrage nach realen Geldbeständen und (iii) Angebot und Nachfrage nach existierenden Anleihen. Eine erhöhte Nachfrage nach Investitionen wird in diesem Modell als erhöhte Nachfrage nach Leihfonds aufgefasst. Wird sie nicht aus laufendem Sparen (Konsumverzicht) befriedigt, muß es zu einem zusätzlichen Angebot von Anleihen kommen, wodurch deren Kurse fallen bzw. Erträge steigen. Diese Zinssteigerung wiederum induziert die Besitzer existierender Vermögensbestände, mehr zinsbringende Anleihen und weniger ertragslose Kassenbestände zu halten. Bei Annahme eines gegebenen Gesamtoutputs wird durch diese Enthortung das Preisniveau steigen und der Wert der realen Geldbestände (Kassenbestände) fallen, bis der Marktzins auf sein «natürliches» Niveau steigt, das durch Investition und Sparen bzw. Produktivität und Sparsamkeit bestimmt wird. Die Vorstellung der Existenz von Horten verbindet die Neoklassik mit ihrem Herausforderer Keynes und begründet – wie zu zeigen – sein geld- und zinstheoretisches Scheitern.

Der neoklassische Zins kann nur dann geleistet werden, wenn das nicht konsumierte, also gesparte Einkommensgut so in Kapitalgüter investiert wird, daß ein Mehr an Gütern entsteht. Dieses sogenannte Grenzprodukt des Kapitals ist der neoklassische Profit, der bisweilen mißverständlich auch Kapitalzins genannt wird. Im Gleichgewicht entspricht er genau der Prämie, die der Sparer für den Aufschub seines Konsums verlangt, also dem Zins. Sparsamkeit und Produktivität sind mithin die Kräfte, aus denen der neoklassische Zinssatz bestimmt wird. Sparsamkeit und Produktivität sind in der Tat ewige Erscheinungen. Sie haben in der längsten Zeit der Geschichte aber keineswegs zum Zins geführt. Überdies suggeriert die neoklassische Zinstheorie, daß die Höhe des Zinses mit der Höhe von Sparsamkeit und Produktivität korreliert. In der Eigentumsgesellschaft hingegen, die allein Zins kennt, steigt der Zins keineswegs mit einer Produktivitätszunahme. Eher gilt, daß gerade hochproduktive Phasen mit niedrigen Zinsen einhergehen und Stagnationsphasen mit hohen Zinsen.

Die Fixierung auf die Gütersphäre zeigt sich auch bei der neoklasssischen Behandlung des **Kredit**marktes, der wie ein Gütermarkt untersucht wird. Warum nun in einem Kreditkontrakt, bei dem nach neoklassischer Überzeugung Güter verliehen werden, die in Geld lediglich eingekleidet sind, dem Gläubiger-Konsument von seinem

Schuldner-Produzent gute Sicherheiten verpfändet werden müssen, bleibt für die Neoklassik gänzlich dunkel. Das lässt sich nur dadurch aufhellen, daß im Kreditkontrakt ein Güterverzicht überhaupt nicht stattfindet, so daß ein Konsumverzicht weder erlitten wird noch mit Zins kompensiert werden muß.

Gute Sicherheiten (Kollateral), die beim Eingehen von Kreditkontrakten bekanntlich unverzichtbar sind, stellen einen Gegenstand dar, auf dessen Behandlung die neoklassische Theorie von den siebziger Jahren des 19. bis zu den achtziger Jahren des 20. Jahrhunderts verzichtet hat. Die in diesen 110 Jahren gültige Analyse des Kreditmarktes besagte, daß der Zins ganz wie der Preis auf dem Gütermarkt Nachfrage und Angebot von Kredit zum Ausgleich bringt. Auf dem Gütermarkt kann eine Überschußnachfrage kurzfristig durch einen Anstieg des Preises und langfristig – induziert durch diesen kurzfristigen Preisanstieg – durch einen Anstieg des Angebots ausgeglichen werden, wobei der Preisanstieg wieder rückgängig gemacht wird.

Wenn hingegen auf dem Kreditmarkt ein Anstieg der Nachfrage durch einen Anstieg des Preises dieses Marktes – also des Zinses – ausgeglichen werden soll, entsteht – so die Neoklassik – das Problem, daß der Zins nur ein *versprochener* Preis ist. Der Anbieter eines Kredits – ein Gläubiger – müsse daher beachten, daß die Fähigkeit des Kreditnachfragers – eines Schuldners –, seinen Verpflichtungen nachzukommen, direkt mit der Höhe des versprochenen Zinssatzes korreliere. Werde der Preis zu hoch angesetzt, könne der Schuldner zahlungsunfähig werden und dadurch den Gläubiger mit in den Bankrott reißen.

Um dieses Risiko zu vermeiden, so glaubt die Neoklassik, würden in diesem Falle die Marktgesetze umgangen. Statt eine Heraufsetzung des Zinses bei einem zweifelhaften Schuldner verfalle man auf die Technik der «Kreditrationierung» (Jaffee und Stiglitz 1990). Diese erfordere eine Klassifizierung der Schuldner nach ihrer Kreditwürdigkeit. Das Kriterium dafür seien die Informationen über die

Vermögenswerte, die von den Schuldner als Sicherheit verwendet werden können.

Wegen der Verletzung der Marktgesetze bei dieser Rangordnungsprozedur sind die Neoklassiker mit ihrer Argumentation nicht sonderlich zufrieden. Schließlich können im tauschtheoretischen Modell Sicherheiten überhaupt nicht untergebracht werden. Die Pfänder gehen ja während des Kreditzeitraums vom Schuldner keineswegs an den Gläubiger über, sondern bleiben als sein Besitz bei ihm und werden auch weiter nur von ihm genutzt. Es geht der Neoklassik mit den Kreditsicherheiten also ganz ähnlich wie mit dem Geld, das »im best entwickelten Modell der Wirtschaft nicht unterzubringen ist« (Hahn, 1982, S. 1).

Da die Neoklassik bezüglich der Pfänder aber nicht einmal auf der Höhe ihrer Ratlosigkeit bezüglich des Geldes ist, kann sie dieses zentrale Element des Wirtschaftens weder be- noch durchdenken. So beschränkt sie sich auf sekundäre Probleme der Sicherheitsleistung. Sie interessiert sich etwa für die Gefahr einer bloßen Vorspiegelung von Sicherheiten. Auch beschäftigt sie sich mit der absichtlichen Vernachlässigung oder Beschädigung des Verpfändeten durch die Schuldner selbst (Kanatas 1992). Nicht zuletzt begrüßt sie die Sicherheiten dankbar als «heilsames Mittel» in der Hand des Gläubigers, um den Schuldner von einer Verschwendung des Kredits abzuhalten (Adler 1998).

Gleichwohl verlieren die neoklassischen Ökonomen ihr Unwohlsein nicht und räumen freimütig ein, daß ihre bisherigen Beiträge zum Kollateral «unklar» anmuten und im Ergebnis widersprüchlich sind. Einige Studien «prognostizieren eine positive Korrelation zwischen beobachtbarem Risiko (des opportunistischen Verhaltens von Schuldnern) und dem Umfang des geforderten Kollaterals», während andere «eine negative Beziehung zwischen dem erforderlichen Kollateral und dem nicht beobachtbaren Risiko des Schuldnerbankrotts» vorhersagen (Kanatas 1992, Sp. 382b). Was die Neoklassik also gerade noch sehen kann, ist die simple Tatsache, daß der Schuldner im Besitz der Sicherheiten bleibt, diese also manipulieren kann. Auf die Idee jedoch, daß der Schuldner bei der Belastung seines Eigentumstitels einen besonderen, wenn auch immateriellen Verlust – seiner Eigentumsprämie – erleidet, kommt die Neoklassik nicht.

2c. Die keynesianische Ökonomie

Vom *Keynesianismus* interessiert hier allein der **Monetärkeynesianismus** der Berliner Schule Hajo Rieses, denn diese Richtung hat am intensivsten versucht, sich von den neoklassisch-gütertauschwirtschaftlichen Elementen der übrigen Keynesianer zumindest ein Stück weit freizumachen. Der Monetärkeynesianismus geht ganz richtig davon aus, daß Individuen nur dann über Güter und Ressourcen disponieren können, wenn sie über *Geld* verfügen. Aus diesem Grund wird die Wirtschaft nicht Marktwirtschaft, sondern *Geldwirtschaft* genannt. Im Zentrum dieser Schule steht denn auch die *Geldverfassung*. Güterbestände, für die kein Geld zur Verfügung steht – überschüssige oder brachliegende Ressourcen wie z.B. Arbeitslose –, sind für den Monetärkeynesianismus ökonomisch irrelevant. Er wirft daher der Neoklassik vor, daß sie aufgrund ihrer Verfangenheit in der Gütertauschwelt über eine Theorie des Besitzes nicht hinausgelangt.

Als rare Ausnahme unter den Ökonomen versuchen die Monetärkeynesianer bei dieser Kritik, zwischen Besitz und Eigentum zu unterscheiden. Das führt allerdings zu erstaunlichen Ergebnissen. So ist für sie nur der Gläubiger ein Eigentümer, während der Schuldner ausschließlich Besitzer ist. Dadurch können sie nicht sehen, daß in einem Kreditvertrag Gläubiger wie Schuldner sowohl Eigentümer als auch Besitzer sind. In diesem Kontrakt müssen beide ihre Eigentumstitel aktivieren, wohingegen wiederum beide über ihre Besitztitel weiter verfügen.

Der Monetärkeynesianismus bestimmt die Investition des Unternehmer-Schuldners aus der Bereitschaft des «Vermögensbesitzers», der Geschäftsbank, zur Aufgabe von Liquidität auf dem *Vermögens-markt* gegen Zins als Knappheitspreis für Geld. Dieser Markt wird – anders als der Kreditmarkt in der Neoklassik – nicht wie ein weiterer Gütermarkt analysiert, sondern als ein Markt, der den Gütermarkt dominiert. Das auf ihm bereitgestellte Geld, ohne das die Unternehmen ihre Investitionen nicht tätigen können, führt zu einer Einkommensbildung, die eine dem Zins entsprechende Profitrate erzwingt, von der die Produktion vorangetrieben wird. Hier stellt sich sofort die Frage, woher die Geschäftsbank das Geld erhält, das sie dem Unternehmer zur Verfügung stellt.

Die unstrittige Überlegenheit des Monetärkeynesianismus gegenüber der Neoklassik besteht darin, daß Geld nicht als ein Gut aufgefaßt – weder als Tauschgut noch als Wertaufbewahrungsmittel, geschweige denn als ein Standardgut. Vielmehr vermag Geld etwas, was Güter gerade nicht können: die endgültige Auflösung von Gläubiger-Schuldner-Kontrakten. Geld wird daher im wesentlichen als *Zahlungsmittel* verstanden. Dabei hat die Zentralbank als alleiniger Geldproduzent in ihrer Rolle als Kreditgeber letzter Hand *(lender of last resort)* die Zahlungsfähigkeit der Geschäftsbanken zu gewährleisten, die in der Neoklassik unthematisiert bleibt. Auch ist der Monetärkeynesianismus der Neoklassik mit seiner Erkenntnis voraus, daß Geld nicht einfach von einer amtlichen Autorität, der Zentralbank, exogen emittiert wird, sondern immer aus einem zinsbelasteten Kredit entsteht.

Auf was muß die Zentralbank nun bei der Geldschöpfung verzichten und dafür Zins verlangen? Auf diese Frage hat Riese als inspirierender Kopf des Monetärkeynesianismus in einer ersten Kontroverse mit uns geantwortet, daß sie auf gar nichts verzichtet, da «Geld aus dem *Nichts* entsteht» (Riese 1999, S. 153, unsere Hervorhebung; Heinsohn/Steiger 1999a). Er hat dabei den zinsbelasteten Kredit, in dem das Geld geschaffen wird und der ihm bis dahin ungemein wichtig war, in der Analyse ganz an den Rand geschoben. Geschaut wird nur noch auf die Gewährleistung der Zahlungsfähigkeit durch die Zentralbank, die jetzt nicht so sehr als Bank, sondern als «Autorität» verstanden wird. Um ihm bei dieser Wende theoretisch folgen zu können, müsse man akzeptieren, daß es – dies seine wichtigste Entdeckung – zwei grundverschiedene Arten des Kredits gäbe. Was zwischen Geschäftsbank und Nicht-Bank vereinbart wird, sei – ganz wie die Neoklassik ihn das gelehrt habe – ein Einkommen schaffender «Ressourcenkredit», der «eine *Übertragung der Verfügung über Güter* und Dienstleistungen vom Gläubiger [auf den] Schuldner bedeutet» (Riese 1999, S. 152; unsere Hervorhebung). In diesem Kredit müsse die Geschäftsbank entsprechend einem Individualkalkül in der Tat auf Sicherheiten bestehen, um das Rückzahlungsrisiko ausgleichen zu können. Beim «Geldkredit» zwischen Zentralbank und Geschäftsbank hingegen werde kein Einkommen geschaffen, sondern allein die Zahlungsfähigkeit letzterer gewährleistet. Entsprechend gebe es ein Sicherheiten verlangendes Individualkalkül nicht. Vielmehr entspreche die Forderung der Zentralbank einer Geldhaltung des Schuldners Geschäftsbank, die ihm «eine Zahlungsmöglichkeit» schaffe.

Irgendwie spürend, daß sich seine revolutionäre Unterscheidung zwischen Ressourcenkredit und Geldkredit mit den doch universell geltenden Anforderungen an Kreditkontrakte deutlich reibt, wagt Riese dann noch einen weiteren Schritt. Er schreckt nicht mehr davor zurück, Milton Friedmans Bild des Geld abwerfenden Hubschraubers, also die von ihm bis dahin immer gegeißelte «Dichotomisierung von Geldmarkt und Gütermarkt» als «theoriegeschichtlich herausragende Leistung» zu feiern, weil «sie die markttheoretische Aporie einer Verknüpfung des Kredits mit dem Geld vermeidet» (Riese 1999, S. 154).

Riese gelingen hier zwei bemerkenswerte Irrtümer auf einen Schlag. (i) Einen «Ressourcenkredit» gibt es in der Geldwirtschaft nicht. Im Kreditkontrakt zwischen einer Geschäftsbank und einer Nicht-Bank geht es immer um die Übertragung der Verfügung über *Geld*, niemals über Güter und Dienstleistungen. Auch dieser Kontrakt ist also immer ein Geldkredit. Daß die Nicht-Bank mit dem geliehenen Geld üblicherweise Güter kauft oder produziert und somit Einkommen schafft, macht den Geldkredit keineswegs zu einem Ressourcenkredit. Was immer der Schuldner Nicht-Bank mit dem Geld vorhat – und dazu gehört selbstverständlich auch bei ihm die Aufrechterhaltung seiner Zahlungsfähigkeit, was Riese immerhin (1993, S. 12-14) schon einmal gewußt hat – er erhält es nur gegen Zins und gute Sicherheiten.

(ii) Auch im Kontrakt zwischen einer Geschäftsbank und der Zentralbank geht es allein um die Übertragung der Verfügung über Geld. Daß die Zentralbank damit vorrangig die Zahlungsfähigkeit der Geschäftsbanken gewährleistet, macht den Kontrakt aber nicht zu einem Geldkredit der besonderen Art, bei dem das Kreditverhältnis an sich zweitrangig ist und genauso gut durch eine exogene Geldmengensteuerung per «Hubschrauber und Hochofen» ersetzt werden kann. Selbstverständlich refinanzieren sich Geschäftsbanken bei der Zentralbank auch für Zwecke der Einkommenserzielung, beispielsweise wenn sie dadurch ihre Kredite an Nicht-Banken ausweiten oder Wertpapiere kaufen. Was immer sie jedoch mit dem Geld vorhaben, auch sie erhalten es nur gegen Zins und gute Sicherheiten.

Da auch Rieses Zentralbank Zins fordert, ohne einen dadurch auszugleichenden Verlust zu erleiden, bietet er eine Zentralbanktheorie des Zinses an. Das aus dem Nichts geschaffene Geld könne nur dann als allgemein akzeptiertes «Medium der Kontrakterfüllung» fungieren, wenn es «ein *knappgehaltenes* Nichts ist» (Riese 1999, S. 153; unsere Hervorhebung). Für diese Knapphaltung habe sich die Zentralbank einen für sie eigentümlichen Zins ausgedacht. Nun weiß Riese aber auch um die Zinsforderung beim Kreditkontrakt der herkömmlichen Art zwischen Geschäftsbank und Nicht-Bank bzw. ganz generell zwischen Akteuren, die Geld halten und solchen, die es haben möchten. Für diesen Zins greift er auf Keynes' *Liquiditätsprämie* des Geldes – dessen Fähigkeit, Schulden definitiv und jederzeit tilgen zu können – zurück. Bei der Aufgabe von Geld, also einem Geldverzicht im Kreditkontrakt geht diese Prämie verloren, weshalb sie durch Zins ausgeglichen werden muß. Diese zweite Zinserklärung setzt die Existenz von Geld voraus, das von einem anderen Zins knapp gehalten wird. Riese schwankt daher zwischen zwei Zinssätzen, bei denen die Erklärung des einen die dezisionistisch gesetzte, aber keineswegs erklärte Existenz des anderen voraussetzt.

Wenn jemand Geldkredit und Güterleihe durcheinander wirft und zudem Erklärung und Setzung verwechselt, dann entstehen jene Apokryphen, die offensichtlich wie die Theologie auch die Wirtschaftswissenschaft befallen. Riese (1999, S. 145), der uns in diesem Duktus retten wollte, mag gleichwohl geahnt haben, daß unsere Kritik an seinen Zinstheorien durch das schöne Apokryphenbild doch nicht ohne weiteres auszuräumen ist. Er hat daher in einer zweiten Kontroverse mit uns zu einem kühnen Befreiungsschlag ausgeholt und dabei erstmals einen Verlust benannt, für den die Zentralbank Zins fordern müsse (Riese 2000a, § 39, Sp. 493b; Heinsohn/Steiger 2000c, § 19, Sp. 518 a-b).

In dieser seiner Zinstheorie letzter Hand behauptet Riese, daß «die Geldschöpfung zur Vermögensproduktion» wird. Die Zentralbank als eine «Autorität» ganz besonderer Art ist der Produzent dieses Vermögens. Ihre Autorität besteht eben darin, aus dem Nichts Vermögen produzieren zu können. Entscheidend bei ihrer Vermögensproduktion ist nun, daß die Zentralbank ausdrücklich darauf verzichtet, dieses Vermögen jemals für sich selbst zu verwenden. «Buchungstechnisch» äußere sich das darin, «daß eine Zentralbank die *Geldemission als Passivum verbucht*». In eben dieser Buchung – so schließt Riese – «*drückt* sich ... der *Verzicht auf eine Verfügung über das Vermögen ‹Geld› aus*» (Riese 2000a, § 39, Sp. 493 b; unsere Hervorhebungen).

Riese postuliert mit dem Terminus «Verzicht» unausweichlich, daß die Zentralbank ohne weiteres die Option habe, über das von ihr geschaffene Geld selbst zu verfügen. Nur aufgrund der Existenz einer solchen Option kann sie ja auf diese Option erst verzichten. Die Zentralbank wird dabei mit jedem anderen Halter von Geld gleichgesetzt, der in der Tat die Optionen Halten oder Aufgabe von

Geld hat. Riese erkennt nicht, daß die Zentralbank nur die Alternative zwischen folgenden beiden Optionen hat: (i) Sie kann Geld für haftende Geschäftsbanken im Kredit schaffen, oder (ii) sie kann eine solche Geldschaffung für Geschäftsbanken unterlassen. Eine bei der Zentralbank angesiedelte Potenz des Verzichts auf ein «Vermögen» Geld gibt es nicht. Dafür müßte die Zentralbank nämlich die Alternative zwischen den folgenden beiden Optionen haben: (i) von ihr emittiertes Geld zu halten oder (ii) auf die Haltung solchen Geldes zu verzichten. Niemals jedoch hält eine Zentralbank ihre Noten – und schon gar nicht als Vermögen. Auch der Laie erkennt das daran, daß ihre Banknoten in ihrer Bilanz nicht als Aktivum, sondern als Passivum erscheinen.

Selbstverständlich jedoch kann eine Zentralbank bei ihren Geschäften ihre eigenen Noten *verdienen* – und zwar ganz vorrangig über Zinsgewinne. Diese Zinsen stammen entweder aus den Kreditkontrakten mit der Geschäftsbank, für die Geld geschaffen wird. Die Zinsen können aber auch aus zinstragenden Titeln stammen, die eine Geschäftsbank definitiv (*outright*) an die Zentralbank für den Erhalt frischen Geldes verkauft. In diesem Falle bekommt die Geschäftsbank neu geschaffenes Geld zwar nicht im Kredit, bei dem sie Zins zu zahlen hätte, sie verliert jedoch die Zinseinnahme aus dem an die Zentralbank verkauften Titel. Dieser kann nun von der Zentralbank selbst wieder verkauft werden, womit sie das gegen ihn geschaffene Geld wieder einzieht, also vernichtet. Der *outright* angekaufte Titel kann aber auch bis zur Fälligkeit bei der Zentralbank verbleiben. In diesem Falle fließt das durch Kauf geschaffene Geld erst dann zur Zentralbank zurück, wenn die den Titel emittierende Instanz – etwa der Bundesfinanzminister – ihn in Geld einlöst.

Das aus Zinsgewinnen eingenommene Geld kann die Zentralbank (i) an ihren Eigentümer – etwa den Finanzminister – überweisen. Sie kann mit den verdienten – ursprünglich eben nicht für sie selbst, sondern für Geschäftsbanken geschaffenen – Banknoten auch (ii) ihr Eigenkapital – also haftendes Eigentum – erhöhen. In diesem Falle kauft sie mit den Banknoten Titel, die in ihrer Währung denominiert sind und auf der Passivseite ihrer Bilanz erscheinen. Sie kann mit ihrem verdienten Geld überdies (iii) auch ihre Aktiva durch Kauf von Gold und Devisen erhöhen. In allen drei Fällen emittiert die Zentralbank kein Geld, obwohl das Geld von ihr kommt und oberflächlich ununterscheidbar ist von den Banknoten, die sie für haftende Geschäftsbanken oder *outright* geschaffen hat.

Gegenüber der Zentralbank von ihren Geschäftsbank-Schuldnern getilgte Noten sind von ihr nicht verdient und mit dem Rückfluß *uno actu* als Geld vernichtet. Diese Vernichtung bedeutet nicht, daß rückgeflossene Zentralbanknoten sich aus ihrem bisherigen Passivum nun in ein Aktivum der Zentralbank verwandeln. Der Rückfluß bedeutet vielmehr, daß die Noten als Geld ausgelöscht sind. Sie sind nur noch Formulare, die erst über neue Kreditkontrakte der Zentralbank mit Geschäftsbanken oder über *outright*-Ankäufe von zinstragenden Titeln oder Gold wieder zu Geld werden können.

Wie konnte Riese auf die Idee kommen, das «knappgehaltene Nichts» der Zentralbank gleichzeitig als Vermögen hinzustellen? Er weiß nicht, daß zum Gelingen der Aufgabe der Zentralbank, die Zahlungsfähigkeit der Geschäftsbanken zu erhalten und gleichzeitig die Kontrolle über den Geldumlauf nicht zu verlieren, von den Geschäftsbanken nicht nur eine, sondern zwei Bedingungen erfüllt werden müssen: (i) Zins- und Tilgungspflichten und (ii) Haftung im Wert der Schuldsumme mit Eigentum. Riese kümmert sich nur um die erste, nicht jedoch um die zweite Bedingung. Sie sei nicht weiter interessant, weil die Zentralbank aufgrund eines Forderungsausfalls nicht in Zahlungsschwierigkeiten gelangen könne. Er ist also von der «Risikolosigkeit ihres Geschäfts» überzeugt. Schließlich brauche sie immer nur «selbstfabrizierte Liquidität in selbstfabrizierte Liquidität [zu] transformieren» (Riese 2000, § 39, Sp. 493b bzw. § 33, Sp. 492b).

Riese übersieht also das Risiko der Zentralbank, ihre Noten nicht mehr aus dem Umlauf ziehen zu können, wenn eine von ihr refinanzierte Bank falliert und keine Sicherheiten gestellt hat, an denen sie sich schadlos halten kann. Das Eigenkapital, das die Zentralbank dann für das Herausziehen der Noten einsetzen muß, wird von ihm nicht einmal erwähnt. Da die Eigentumstitel der Geschäftsbank-Schuldner als die Vermögensbasis der Geldproduktion bei der Zentralbank für Riese bedeutungslos sind, muß sich für ihn die Geldschöpfung aus dem Nichts zugleich als eine Vermögensproduktion aus demselben Nichts für eben diese an sich vermögenslosen Schuldner darstellen. Nur wer nicht sieht, daß die Eigentumstitel der Nicht-Banken, mit denen sie bei den Geschäftsbanken haften und die Eigentumstitel, mit denen letztere bei der Zentralbank für den Rücklauf der Noten haften sowie das Eigenkapital, mit dem die Zentralbank für ihre Geschäftsbank-Schuldner haftet, die Substanz der Geldschaffung darstellen, kann sich wie Riese das Geld aus dem Nichts holen.

Vermögen – genauer: «Nominalvermögen» (Stadermann 2000, § 11, Sp. 536a) – sind mithin die Eigentumstitel, die bei ihrem vorübergehenden oder endgültigen Ankauf durch die Zentralbank in Zentralbankgeld *bewertet* werden. Das dagegen emittierte Geld wird bei diesem Bewertungsvorgang aber nicht zu Vermögen. Die Zentralbank verkauft also nicht, wie Riese meint, Geld gegen eine bloße Verpflichtung der Geschäftsbank zu Rückzahlung und Verzinsung des Geldes, wobei die Zentralbank selbst zu nichts verpflichtet wäre. Die Zentralbank kauft vielmehr «Vermögenswerte, die sie selbst nicht schaffen» (Stadermann 2000, § 13, Sp. 536b) kann und zu deren Rückgabe eben *sie* bei Erfüllung der Zins- und Tilgungsverbindlichkeiten verpflichtet ist.

Bei der Analyse der Schaffung des Geldes offenbart sich am Ende, daß auch der Monetärkeynesianismus wie Klassik und Neoklassik in der Güterwelt verfangen bleibt. Das mag erstaunen bei einer Richtung, die Geld aus dem Nichts holt. Es zeigt sich aber genau darin, daß als Alternative zur Existenz materieller Güter eben lediglich ihre schlichte Abwesenheit – das Nichts – vorgestellt werden kann. Da ein Verzicht auf Güter bei der Geldschaffung in der Tat nicht geleistet wird, kann Riese als Haupt der Berliner Schule dann nur noch einen Verzicht der Notenbank auf ein von ihr selbst gemachtes Nichts postulieren, das beim Empfänger Geschäftsbank dann wunderbarerweise aber keineswegs als Nichts, sondern als Vermögen ankommt.[12]

[12] In seiner Replik auf die zahlreichen Kommentare zu seiner Geldtheorie hat Riese seine Ehrenrettung der monetären Zinserklärung bezeichnenderweise nicht mehr wiederholt, ohne sich allerdings explizit von ihr zu distanzieren. Während er im Aufriß seiner These (Riese 2000a) die Zentralbank als Geldschöpferin zur Vermögensproduzentin befördert, die beim Verleihen von Geld Zins nehmen darf, weil sie auf eine eigene Verfügung über «das Vermögen ‹Geld›» verzichtet, heißt es jetzt schlicht ganz à la Keynes, der Zinssatz sei «im Individualexperiment der Preis für den temporären Verzicht auf die Verfügung über Geld ... durch den Vermögensbesitzer». Dabei bilde der Zinssatz durch das präferenztheoretisch fundierte Kalkül des Vermögensbesitzers, das Vermögen Geld durch Geldvernichtung zu verknappen bzw. durch Geldschöpfung zu entknappen, «im Marktexperiment den Preis für knapp gehaltenes Geld» (Riese 2000b, § 3, Sp. 546a). Interessanterweise taucht die für Riese früher absolut unabdingbare «Autorität» Zentralbank jetzt nur als (möglicher) Vikar des Vermögensbesitzers auf – uns zwar ganz bescheiden und unauffällig in einer Fußnote (Riese 2000b, Fn. 11, Sp. 553b). Dieser Schritt hilft aber Riese nicht über Keynes hinweg, denn mit ihm verzichtet er auf die Erklärung der Schaffung von Geld (die ja bei einer Notenbank angesiedelt ist und nicht bei einem beliebigen «Vermögensbesitzer») und somit unvermeidlich auch auf die Erklärung des Zinses, der ja bereits bei der Geldschaffung durch die Notenbank entsteht. Rieses muß sein an sich richtiges Vorhaben, die Zinsentstehung in den Vorgang der Geldschöpfung zu integrieren, wie eine heiße Kartoffel fallen lassen, da er unserem Vorhalt, daß eine Zentralbank niemals über das von ihr geschaffene Geld selbst verfügen kann, nichts entgegenzusetzen hat. Stattdessen macht er den unglücklichen Versuch, uns einen gegen ihn gerichteten Vorwurf zu unterstellen, den wir niemals erhoben haben. Wir hätten ihm – «völlig sinnlos» – die Ansicht vorgehalten, «die Zentralbank» und nicht der Vermögensbesitzer sei «bereit», «einen Preis für eine knapp gehaltene Verfügung über Geld zu zahlen» (Riese 2000b, § 16, Sp. 550b). Wir haben etwas ganz anderes gesagt. Die Zinsforderung der Zentralbank resultiert nicht daraus, daß sie einen Verlust erleidet, indem sie auf ein angeblich ihr zukommendes Vermögen Geld verzichtet.

Riese (2000b, §§ 16/17, Sp. 550b) möchte auch unserer Kritik entkommen, daß er die Schwäche der monetären Erklärung des Zinses durch Keynes nicht überwinden kann. Keynes, so Riese, habe den Zins als «Entgelt für die Nichthortung eines exogen fixierten Geldangebots», «als Entgelt für die Aufgabe von Liquidität interpretiert». Bei ihm hingegen werde der Zins «als (zu zah-

Die Wirklichkeit der Eigentumsgesellschaft ist aber nicht durch das Gegensatzpaar Existenz von Gütern *versus* Nichtexistenz von Gütern zu erfassen. Sie verfügt über drei Größen – (i) materieller Besitz an Gütern, (ii) immaterielle Eigentumstitel, die nur bedingt an Güter geknüpft sind, und (iii) wirkliches Nichts. Wiewohl der

lender) Preis für die Verfügung über Geld» bestimmt. Gleichzeitig soll für ihn der Zins aber «der Preis für den temporären Verzicht auf die Verfügung über Geld» (§ 3, s.o.) sein. Lediglich die Wortwahl unterscheidet ihn da noch von Keynes. Einmal wird Zins für die Verfügung über Geld angeboten, während er beim anderen mal für den Verzicht auf die Verfügung über Geld gefordert wird. *Immer ist also das Geld, das den Zins erklären soll, bereits da.* Darüber kann auch nicht hinwegtäuschen, daß bei Riese – im Unterschied zu Keynes – das Geld nicht exogen fixiert wird, sondern im Kredit entstehen soll, über dessen Voraussetzungen Riese bis auf weiteres jedoch nichts sagen möchte. Aber auch da ist er nicht ganz konsequent. Er schließt sich uns am Ende doch an – allerdings nicht in der direkten Replik, sondern versteckt in der Antwort auf einen anderen Kritiker, der unserer Position voll zugestimmt hat, daß Geld ohne verpfändetes Eigentum nicht geschaffen werden kann: «Mit Hans-Joachim Stadermann bin ich (bis auf wenige interpretationsbedürftige Details) einer Meinung» (Riese 2000b, § 17, Sp. 550b; vgl. Stadermann 2000). Diese Äußerung läß uns hoffen, daß Riese – bei allen verständlichen Abwehrgesten – von uns inzwischen doch vieles angenommen hat. Das zeigt sich auch sehr schön an seinen Bemerkungen über den Tausch, die direkt aus *Eigentum, Zins und Geld* stammen könnten – beispielsweise seine Aussage, daß «die bisherige Ökonomie als Wissenschaft die *Neigung zum Tausch* als Beweggrund der Ökonomie hypostatiert» (Riese 2000b, § 2, Sp. 545b) habe. Das gleiche gilt etwa für folgende Passage: «Nicht ... Tauschakte zwischen Individuen haben eine Marktpreisbildung begründet. Das zeigt den Tausch als eine ahistorische und, aus der Sicht einer angemessenen Theoriebildung, zugleich als ein atheoretische Konstruktion. Es hat *niemals* (niemals!) in der gesamten Wirtschaftsgeschichte zu keiner Zeit und bei keiner Gelegenheit, einen Güterverkehr gegeben, der den tauschtheoretischen Bedingungen einer Preisbildung entsprochen hätte» (Riese 2000b, § 3, Sp. 546a). Bei früheren Kontroversen hat Riese uns gerne eine bloß «sozialhistorische», aber keine theoretische Erklärung zugestanden. Wir würden die Todsünde begehen, die (historische) Realität gegen die Theorie auszuspielen. Auch Rieses Schlußfolgerung, daß «der Zinssatz diejenige Preiskategorie [ist], die die Welt im innersten zusammenhält» (Riese 2000b, § 3, Sp. 546b), ist – mit Verlaub – guter Heinsohn/Steiger. Aber dann ist die Zinserklärung das Herzstück der Wirtschaftstheorie, das man nicht – wie Riese – einfach im dunkel belassen darf, indem man Geld allemal schon voraussetzt.

Monetärkeynesianismus bei seiner Kritik der gütertauschtheoreti-
schen Ansätze die Bedeutung eines Unterschiedes von Eigentum
und Besitz ernst nehmen möchte, bleibt ihm der Eigentumstitel mit
seiner Belastbarkeit für die Schaffung von Geld – als anonymisierten
Eigentumstitel – ebenso verborgen wie Klassik und Neoklassik. Das
zeigt sich insbesondere in Rieses Gleichsetzung von Gläubiger und
Eigentümer sowie von Schuldner und Besitzer. Die simple Tatsache,
daß in einem Kreditkontrakt beide Seiten als Eigentümer ausgewie-
sen sein müssen, kommt der Berliner Schule nicht einmal in den
Sinn. Entsprechend entgeht ihr der ebenso wichtige Umstand, daß
beide auch Besitzer sind. Bei der kreditären Schaffung von Geld
werden allerdings ihre Besitzgüter gerade nicht bewegt, weshalb
auch nicht diese, sondern Geld beim Schuldner ankommt. Im Kredit
erfahren also Eigentumstitel in dem Sinne eine Veränderung, daß
über ihre temporäre Blockierung (Belastung) zwei neue Titel entstehen: der beim Schuldner landende anonymisierte Eigentumsan-
spruch Geld sowie der nach Forderungen und Verbindlichkeiten
von Gläubiger und Schuldner spezifizierte Eigentumstitel Kredit,
den der Gläubiger erhält.

In seinem allerjüngsten Beitrag zur Theorie der Geldwirtschaft hat Riese
(2001, S. 5 f.) denn auch gleich ganz auf eine Erklärung des monetären Zinssatzes verzichtet. Er beschränkt sich vielmehr darauf, die Interpretation des
Zinses in Klassik und Neoklassik als reale Variable, aber auch Keynes' liquidi-
tätspräferenztheoretische Deutung, als unhaltbar zurückzuweisen. Von uns
gefragt, wie denn nun seine eigene, nach wie vor behauptete monetäre Zinserklärung aussehe, hat er lapidar geantwortet, dies sei «research in progress».
Darüber hinaus ist es fast schon sensationell, daß für Riese im gleichen Beitrag
die (makroökonomische) Budgetbeschränkung der Geldwirtschaft nicht länger in der (über den Zins) knapp gehaltenen Geldmenge besteht, sondern in
«dem *totalen Wert des Vermögens*, wobei die einzelnen Werte die Vermögens-
preise im Gleichgewicht darstellen» («the total value of wealth, where the
values represent the equilibrium asset prices», Riese 2001, S. 2, unsere Hervorhebung) und der Zins als reziproker Vermögenspreis ihnen die Norm setzt.
Auch das kann, wer des Lesens kundig ist, in aller Ausführlichkeit bereits bei
Heinsohn/Steiger (1996) nachlesen.

Aufgrund ihrer verkürzenden Zweiteilung der ökonomischen Wirklichkeit in Güter und Nichts kann die Berliner Schule also nicht weiter gelangen als ihr Mentor John Maynard Keynes. Dieser hatte immerhin den gütertheoretischen Kausalnexus von Klassik und Neoklassik, daß die Bereitschaft zum *Sparen* die Höhe der *Investition* bestimmt, umdrehen können, indem er zeigte, wie die Bereitschaft zur Investition über ein wachsendes Einkommen Sparen überhaupt erst möglich macht. Was allerdings die Investition ermöglicht, konnte Keynes nicht zeigen. Sie wird bei ihm einfach exogen gesetzt, aus mysteriösen «Horten» (Heinsohn/Steiger 2000a) geholt oder umstandslos aus Staatsschulden gemacht (Stadermann/Steiger 2001, S. 310-320).

2d. Kurzes Resümee zu allen drei Schulen

Unser Streifzug durch die drei Theorieschulen führt zu folgendem **Resümee:** Alle drei scheitern, weil sie versuchen, das Wirtschaften ohne Eigentum zu erklären.

Die Klassik als eine Herrschaftstheorie findet gar keinen Zugang zum Wirtschaften.

Die Neoklassik definiert mit den knappen Güterbeständen immerhin einen Grund für das Wirtschaften, kann aber die Ursache der Knappheit nicht finden.

Der Monetärkeynesianismus erklärt die knappen Güterbestände der Neoklassik über Produktionsprozesse, die durch knapp gehaltenes Geld verknappt werden und damit das Wirtschaften erzwingen sollen. Geld sei einerseits ein durch Zins knapp gehaltenes Nichts, andererseits aber ein von der Zentralbank-Autorität geschaffenes Vermögen, auf das sie wie jeder beliebige Halter von Geld gegen Zins verzichten könne. Diese rasante Mixtur aus einer pfiffigen Erfindung des Zinses und einer kreativen Ineinssetzung von Geldschaffung und Geldhaltung läßt den Grund für das Wirtschaften einmal mehr im dunkeln.

Dieses Dunkel lichtet sich, sobald das Eigentum verstanden ist, was keine der drei Theorien auch nur in Angriff nimmt. Sie bleiben Wirtschaftstheorien *ohne* Eigentum.

Gegen diese Feststellung könnten Klassiker, Neoklassiker und Monetärkeynesianer einwenden, daß doch auch sie die Bedeutung von Eigentum für das Wirtschaften nicht bestreiten und in ihren Werken immer wieder, oft sogar händeringend vom Eigentum reden. Das wollen wir ihnen auch gar nicht absprechen. Wir behaupten lediglich, daß sie die das Wirtschaften allein stiftende Institution des Eigentums mit seiner Belastbarkeit und Vollstreckbarkeit niemals in den Blick bekommen. Wann immer sie nämlich vom Eigentum reden, handeln sie lediglich vom Besitz. Uns ist keine Untersuchung bekannt geworden, in der die Differenz zwischen Eigentums- und Besitztiteln thematisiert wurde, um das Gewicht der einen oder anderen Größe für die ökonomische Theorie zu bestimmen.[13] Es bleibt ja denkbar, daß Ökonomen den Eigentumstitel und seine Blockierbarkeit eines Tages durchleuchten und dann zum Ergebnis kommen, daß er – anders als wir behaupten – für das Wirtschaften und die ökonomische Theorie bedeutungslos ist. Aber eine solche Kontroverse steht noch aus.

Mit ihrer unreflektierten Benutzung des Wortes Eigentum ähneln die Ökonomen auf eine gewisse Weise dem antiken Astronomen Claudius Ptolemäus. Dieser Gelehrte hat die Termini Erde und Sonne bei der Untersuchung ihrer Beziehung womöglich häufiger verwendet als Nikolaus Kopernikus am Beginn der Neuzeit. Dennoch war es dieser und nicht der große Alexandriner, der die korrekte Relation zwischen unserem Zentralgestirn und den um ihn laufenden Planeten gefunden und erst damit richtige Theorie getrieben hat.

---

[13] Wir haben noch einmal eindringlich nach solchen Untersuchungen gefahndet. Nikolaus Läufer (1998, S. 1) hat uns nämlich versichert, daß sie in beträchtlicher Zahl vorliegen, konnte dann aber nicht eine einzige namhaft machen. Auch unsere Suche blieb erfolglos.

3. Der ökonomische Kern der Eigentumsverfassung: Zins, Geld und Vermögen

Die Eigentumsverfassung ist nicht naturgegeben. Sie kann nur durch *Rechtsakt* geschaffen werden. Dieser immer immaterielle Akt verändert – anders als Pflügen oder Ernten – am Besitz physisch nichts. Unmittelbar mit der Schaffung von Eigentumstiteln aus dem *Nichts* werfen sie die Eigentumsprämie ab. Diese muß also nicht verdient werden. Es kann nicht deutlich genug betont werden, daß die Eigentumsprämie weder aus der physischen Nutzung von Ressourcen entspringt noch aus einem vorab gegebenen Geldbestand, sondern aus einem Rechtsakt.

Eigentumstitel ersetzen nicht Besitztitel, sondern werden ihnen hinzugefügt. Im Unterschied zum Besitz kann man Eigentum weder sehen noch schmecken, hören, riechen oder anfassen. Der Besitztitel als Verfügungsrecht über Art und Umfang der Nutzung des Besitzes ist als ein Recht zwar ebenfalls etwas Vereinbartes. Er unterscheidet sich vom Eigentumstitel aber darin, daß seine Ausübung den Besitz materiell tangiert. Der Besitztitel wirkt also – anders als der Eigentumstitel – *real*. Letzterer hingegen hat mit einer wie auch immer gearteten Nutzung des Besitzes nichts zu tun, wirkt also nicht real. Gleichwohl ergibt er sich nicht aus einer Negation oder Ersetzung des Realen und ist erst recht kein *Nullum*.

Obwohl sie immaterielle legale Setzungen sind, führen Eigentumstitel zu fundamental neuen Beziehungen, von denen die blutsverwandtschaftlichen und befehlsmäßigen Verpflichtungen aus Stammesgesellschaft und Feudalismus oder Sozialismus ins Abseits gedrängt werden. Kurzum: Es ist die Aktivierung von Eigentums-

titeln, aus der das Wirtschaften erwächst. Bei dieser Ökonomisierung von Rechtstiteln werden die zuvor sich selbst genügenden, also
noch nicht ökonomischen, Besitzrechte für ganz andere Verpflichtungen in Dienst genommen. Diese neuen Verpflichtungen werden
zuvörderst bei geldschaffenden Verträgen zwischen Freien, also
Kreditkontrakten, eingegangen. Die Besonderheit dieser Kontrakte
besteht darin, daß Eigentumsprämie aufgegeben und im Gegenzug
Zins verdient werden muß. Für das Bedienen des eigentumsgebore-
nen Zinses wird die Ausübung der Besitzrechte an Gütern und Ressourcen einem permanenten Regiment der Ökonomisierung unterworfen, die es bei der besitzgesellschaftlichen Herrschaft über Ressourcen niemals geben kann. Mit dem Eigentum weicht die bloße
Beherrschung der Ressourcen ihrer Bewirtschaftung.

3a Verpfändung und Vollstreckung

In den herrschenden Wirtschaftstheorien haben – wie gezeigt – Verpfändung und Vollstreckung keine ökonomische Relevanz. Für das
Wirtschaften hingegen sind sie konstitutiv, denn es erwächst aus der
nur an Eigentumstiteln haftenden Potenz, *verpfändbar* und damit
über eine unabhängige Rechtsinstanz Gegenstand der *Vollstreckung*
sein zu können. Eigentum ist mithin ein Rechtstitel, der von einem
bloßen Nutzungsrecht im Sinne eines besitzmäßigen Verfügungsrechts scharf zu unterscheiden ist.

Ein solches Verfügungsrecht bestimmt, wer, was, wann, wo, wie
und in welchem Umfang *nutzen*[14] darf. Es ist dabei gleichgültig, ob

---

[14] Carsten Köllmann (1999a, S. 270-72; 1999b, S. 351 f.) hat in einer Kontroverse mit uns nachweisen wollen, daß wir die immaterielle Größe «Nutzen» aus der Neoklassik mit dem alltagssprachlichen Begriff, etwas materiell
zu «nutzen», gleichgesetzt hätten. Damit hätten wir verschwiegen, daß die
Neoklassik beim Wirtschaften nicht nur auf Güter achte, sondern sehr wohl
auch mit *Immateriellem* beschäftigt sei. Das ist sie in der Tat, weshalb sie
selbst die Termini «nutzen» bzw. «Nutzung» (*use*) und «Nutzen» (*utility*)
scharf unterscheidet. Unter *use* versteht sie immer ein konkretes Recht. Das

das Recht absolut ausgestaltet oder mit Beschränkungen versehen ist. Bei einer endgültigen Eigentumsübertragung werden alle besitzmäßigen Verfügungsrechte automatisch mitübertragen. Bei der Aktivierung von Eigentumstiteln hingegen – ihrer Verpfändung und damit Bereitstellung für die Vollstreckung – werden Nutzungsrechte gerade nicht übertragen, sondern Eigentumstitel *blockiert*, also anderweitiger Verwendung entzogen.

Das Eigentum liegt mithin als blockier- bzw. belastbarer Rechtstitel jenseits der Besitz- oder Gütersphäre mit den für sie typischen Nutzungsrechten. Die Eigentumsordnung garantiert – bei Androhung von Strafen auch für die Mächtigen – den Schutz des Eigentums gegen seinen *nichtökonomischen* Übergang in das Eigentum von anderen. Mit dieser Sanktionsmacht schützt sie durch das ökonomische Recht der Vollstreckung in das Eigentum des säumigen Schuldners gleichzeitig auch das Eigentum des Gläubigers. Sowohl der Zugewinn wie auch der Verlust von Eigentumsrechten darf also prinzipiell nur mit den Mitteln des einklagbaren Kreditkontrakts zwischen Eigentümern, nicht jedoch mit den Regelwerken der Sitte oder der Herrschaft erreicht werden.

Der rechtlich ausgeschlossene außerökonomische Zugriff auf das Eigentum durch andere sorgt dafür, daß alle Eigentümer als Schuldner nur über die Bewirtschaftung der *Besitzseite von Vermögen* oder als Gläubiger über die Belastung der *Eigentumsseite von Vermögen* zu Einkommen gelangen können. Jeder Eigentümer kann die physische Besitzseite seines Vermögens selber nutzen. Er kann diese Besitzseite aber auch in einem besonderen Gläubiger-Schuldner-Kontrakt verleihen, den nur die Eigentumsgesellschaft kennt. Bei diesem *Pacht- oder Mietvertrag* bleibt die Eigentumsseite des Gläubigers un-

---

ist ein materielles Besitzrecht, welches die Neoklassik mit *property right* aber falsch versteht. Für ein in der Tat immaterielles Eigentumsrecht hingegen hat sie weder einen Begriff noch auch nur eine Wahrnehmung. Die in der Neoklassik als subjektive Größe gefasste immaterielle *utility* wiederum ist etwas, woraus sie zwar zu relativen Güterpreisen finden will, aber für das Verständnis von Geld und Zins natürlich gar nichts machen kann (Heinsohn/Steiger 1999a, S. 312; 1999b, S. 356 f.)

berührt, während Pächter und Mieter zu temporären Besitzern der Besitzseite von Gläubigereigentum werden und dafür Pacht oder Miete zu leisten haben. Diese Entgelte werden in der Umgangssprache unzutreffend auch als Pacht- oder Miet*zins* bezeichnet. Der Zins jedoch ist etwas anderes.

Anders als das immaterielle Eigentum, das sich aus verpfändbaren und damit vollstreckungsfähigen Rechtstiteln zusammensetzt, besteht der physische Besitz in Rechtstiteln, die Verfügungsrechte über die Nutzung von Gütern, Dienstleistungen und anderen immateriellen Sachen, wie z. B. Patenten, definieren. Nutzungsrechte werden in Stamm und Feudalismus durch Sitte bzw. Befehl den Mitgliedern der Gesellschaft *angewiesen*. Eigentum gibt es dort nicht. In der Eigentumsgesellschaft wird der Besitz nicht mehr traditionell genutzt, sondern dem *Wirtschaften* unterworfen. Die neben der Besitzseite des Eigentums bestehende Eigentumsseite des Eigentums nun ist es, die dieses Wirtschaften konstituiert. Das geschieht durch Gläubiger-Schuldner-Kontrakte in Form von *Kreditkontrakten*. Die Besonderheit der Eigentumsaktivierung in diesen Kontrakten besteht darin, daß das Eigentum durch *Belastung* und *Verpfändung* blockiert wird, seine Besitzseite jedoch – anders als bei den Gütertransaktionen der Nichteigentümergesellschaften wie auch bei den Pacht- und Miettransaktionen der Eigentumsgesellschaft – unberührt bleibt. Die mit ihrem Eigentum Wirtschaftenden behalten dessen physische Besitz- bzw. Güterseite und nutzen diese weiter. In einem Kreditvertrag werden also niemals Güter verliehen.

3b Eigentumsprämie und Zins

Anders als die reinen Besitzgesellschaften kennt die Eigentumsgesellschaft nicht nur eine, sondern zwei Arten des Ertrages: (i) Wie in den Besitzgesellschaften gibt es in der Eigentumsgesellschaft den *materiellen* Ertrag aus der physischen Nutzung des Güter- und Ressourcenbesitzes. (ii) Anders als in den Besitzgesellschaften gibt es in der Eigentumsgesellschaft zusätzlich zum materiellen einen *immateriellen* Ertrag aus den Eigentumstiteln an Gütern und Ressourcen. Allein dieser Ertrag ermöglicht die Operationen des Wirtschaftens. Wir haben ihn die *Eigentumsprämie* genannt.

Was ist die Eigentumsprämie? Sie ist ein nichtphysischer Ertrag an Sicherheit, der aus dem Eigentum erwächst, wenn es unbelastet und nicht aktiviert ist, also für eine wirtschaftliche Aktivierung nicht herangezogen wird. Die Prämie ermöglicht Eigentümern, Kreditkontrakte zu schließen und ist ein Maß des Potentials von Individuen, Gläubiger *und* Schuldner werden zu können. Nur unbelastetes Eigentum wirft diese Prämie ab.

Die Prämie drückt die Kapazität eines *identifizierbaren* Individuums aus, notifizierte Dokumente, *Noten*, in einem Kreditkontrakt zu schaffen, die schuldkontraktlose – also *nicht* kreditäre – Verpflichtungen aus seinem Eigentum sind. Allein durch das Akzeptieren dieser Verpflichtung zur *Einlösung* kann er geldschaffender Gläubiger werden. Die von ihm emittierten Noten nennen wir *Geldnoten*, so daß genuines Geld immer *Gläubiger*geld ist.

Durch die Ausgabe der Geldnoten an einen Schuldner belastet der Gläubiger sein Eigentum, verliert also während des Kreditkontraktes die Dispositionsfreiheit darüber, gibt mithin Eigentumsprämie auf. Dieser Schritt besagt, daß der Gläubiger die Verpflichtung – nicht zu verwechseln mit einer Kontraktschuld – eingeht, die von ihm emittierten Geldnoten jederzeit und gegenüber jedem Halter, also ohne besonderen oder zusätzlichen Kontrakt, in Eigentum einzulösen und solches dafür vorzuhalten, also zu belasten. Wer Noten emittiert, gibt eine generelle Garantie ab, daß er Vollstreckung in sein Eigentum akzeptiert. Belastung, Einlösungszusage und Vollstreckungshinnahme durch den Gläubiger bilden eine unteilbare Handlungsabfolge bei der Geldschaffung.

Die Geldnoten sind niemals zu verwechseln mit den ebenfalls notifizierten Kreditkontrakten, durch die sie geschaffen werden und in denen *identifizierbare* Schuldner Tilgung und Zins zusagen. *Geld ist kein Kredit. Es entsteht vielmehr in einem Kredit.* In diesem geldschaffenden Kredit übernimmt – in anderer Weise als in einem Kredit, in dem bereits geschaffenes Geld verliehen wird – nicht nur der Schuldner, sondern auch der Gläubiger Verpflichtungen mit seinem Eigentum. Die Verpflichtungen des Schuldners stehen explizit im Kreditkontrakt, während die Verpflichtungen des Gläubigers auf der *uno actu* mit diesem Kontrakt geschaffenen Geldnote verzeichnet sind.

Die Eigentumsprämie drückt – neben der Kapazität zur Geldschaffung – auch die Kapazität zur Geldleihe aus. Nur dadurch, daß jemand Forderungen gegen sein Eigentum als *Kollateral* (Sicherheitspfand) akzeptieren kann, vermag er überhaupt *Schuldner* in einem Kreditkontrakt zu werden. Das Akzeptieren solcher Forderungen besagt, daß dem Gläubiger bei Nichterfüllung der Kontraktpflichten das Recht auf *Vollstreckung* in Schuldnereigentum eingeräumt ist. Dafür eben muß es vorgehalten, also belastet werden. Während des Geldnoten schaffenden Kreditkontrakts verliert mithin auch der Schuldner ganz unvermeidlich Eigentumsprämie.

In Kreditkontrakten müssen also Gläubiger *und* Schuldner Eigentümer sein. Diese Kontrakte werden in *reine* Kreditkontrakte und *Kauf*kontrakte unterteilt. In Kreditkontrakten werden – neben Tilgungs- und Zinszusagen – temporär gültige Vereinbarungen über die Belastung von Eigentum getroffen, niemals jedoch wird Besitz auf Zeit übertragen. Kaufkontrakte dienen der Erfüllung von Kreditkontrakten. Kaufkontrakte sind also den Kreditkontrakten nachgeordnet. Ohne letztere würden sie nicht in die Welt gelangen.

Auch in Kaufkontrakten stehen sich Gläubiger und Schuldner gegenüber. Der Verkäufer einer Sache erwirbt eine Forderung auf Geld, ist also Gläubiger, während der Käufer eine Verbindlichkeit in Geld eingeht, also Schuldner ist. Ganz wie im Kreditkontrakt muß er seine Geldschuld auch verzinsen, wenn er sie nicht sofort begleicht und in dieser Zeit mit Eigentum haften. Der entscheidende Unterschied zu reinen Kreditkontrakten aber besteht darin, daß bei Kaufkontrakten Eigentumstitel und Besitztitel übertragen werden, so daß dem neuen Inhaber umgehend das Belastungspotential des

Eigentums *und* die Nutzungsmöglichkeiten des Besitzes zufallen. Bei Kreditkontrakten hingegen geht es überhaupt nicht um die Übertragung von Besitztiteln, sondern allein um die von Eigentumstiteln auf Zeit: (i) Forderung des Gläubigers gegen Verbindlichkeit des Schuldners auf Tilgung und Zins sowie (ii) Forderung des Gläubigers gegen Verbindlichkeit des Schuldners aus Belastung bzw. Bereitschaft zur Vollstreckungshinnahme.

In einem Kreditkontrakt ist zwar der Schuldner immer identifiziert, seine Sicherheitsleistung (Kollateral) aber nicht in jedem Falle spezifiziert. Das spricht aber keineswegs für eine Theorie des sicherheitslosen Kredits.[15] Vielmehr verweisen Kontrakte ohne Kollateralangabe gerade auf besonders starke Eigentumspositionen der Schuldner. Die Definition eines *guten* Schuldners besagt ja regelrecht, daß die Qualität seines Vermögens über jeden Zweifel erhaben ist: «Im allgemeinen ist es nicht möglich, alle Aktiva eines

---

[15] So glaubt etwa der Riese-Schüler Walter Heering (1999, S. 337), daß es «ziemlich kühn erscheint, darauf [auf Sicherheiten] eine allgemeine Theorie gründen zu wollen». Heering folgt dabei nicht zuletzt seinem Mitschüler Hansjörg Herr (1999, S. 177-199/193), der sich in einer Nachlese zu Schumpeter sicher ist, «daß die Verpfändung bei der Kreditvergabe ‹nicht zum Wesen der Sache›» gehört.
Diese Sicht des ungesicherten Kredits wiederholt Herr in einem gemeinsamen Werk mit Michael Heine, wo es heißt: «Als hinreichende Sicherheiten werden bei Banken durchaus auch überzeugende Unternehmenskonzepte oder besondere Qualifikationen der Kreditnachfrager akzeptiert. Insofern ist die analytische Bindung der Kreditvergabe an die Eigentumskategorie [?] unnötig einschränkend» (Heine/Herr 1999, S. 376 f.). Unmittelbar daran anschließend offenbaren die beiden Autoren ihre glückliche Ahnungslosigkeit über die Usancen des Kreditwesens: «Zudem kann ein Gläubiger ein Pfand an dem Produktivkapital verlangen, das mit seinem verliehenen Geld gekauft wird. In diesem Fall gibt es die Möglichkeit eines Pfandes, das erst im Akt der Kreditvergabe realisierbar wird» (Heine/Herr 1999, S. 376). Das kann durchaus so ablaufen, und im allgemeinen wird noch etwas darüber hinaus verlangt. Aber warum dieses Pfand – oder irgend ein anderes – verlangt wird, das würde man in ihrem «Grundmodell [des] kapitallosen Unternehmer[s] ..., der ohne Pfandrechte Kredit erhält», doch gerne erklärt bekommen.
Zu unseren Antworten vgl. Heinsohn/Steiger 1999a, S. 322 f. zu Herr und Heinsohn/Steiger 1999 b, S. 355 f. zu Heering.

Kreditsuchenden im einzelnen zu überprüfen. ... Aber die Stellung von Sicherheiten macht solche Nachforschungen über die allgemeine Solvenz eines Borgers überflüssig» (Hawtrey 1932, S. 126). Der Gläubiger kann mithin von der Bonität eines Schuldners so sehr überzeugt sein, daß er auf die Spezifizierung von Sicherheiten verzichtet. Einen Verzicht auf sein Vollstreckungsrecht auch gegen erstklassige Schuldner hingegen wird er niemals in den Kontrakt schreiben.

Bei den Belastungen ihrer Eigentumstitel bleiben deren Besitzseiten in der Verfügung von Gläubiger und Schuldner. Belasten sie beispielsweise Grundeigentum, so können sie mit der Nutzung von dessen besitzmäßiger Ackerkrume ungehindert fortfahren. In Kreditkontrakten wird also niemals irgendein Güterbesitz zum Zwecke seiner Nutzung auf Zeit übertragen. Der Gläubiger verzichtet auf Güter nicht, und beim Schuldner kommen solche auch nicht an.

Es wird – was immer wieder betont werden muß – im Kreditkontrakt aber auch kein Eigentum übertragen. Das gilt genau so für den geld*schaffenden* Kreditkontrakt. Vielmehr wird Eigentum belastet und damit für die Einlösung oder Vollstreckung temporär zur Disposition gestellt. Erst die Vollstreckung selbst wäre eine Eigentums- und Besitzübertragung in einem Akt. Die Vollstreckung ähnelt also sowohl der Einlösung wie auch dem Kaufkontrakt. In letzterem wird *gegen* Geld Eigentums- und Besitzseite einer Verkäufer-Sache gleichzeitig an den *Käufer* abgegeben, wobei das Geld weiter zirkuliert. Bei der Einlösung wird ebenfalls gegen Geld Eigentums- und Besitzseite einer Gläubiger-Sache an den Einlösenden abgetreten, dabei das Geld aber vernichtet. Bei der Vollstreckung hingegen wird *wegen* Geld, das der Schuldner nicht getilgt und verzinst hat, aber weiter zirkuliert und gegen den Emittenten zur Einlösung präsentiert werden kann, Besitz- und Eigentumsseite einer Schuldner-Sache in einem Schritt an den *Gläubiger* abgetreten.

Bei der Frage nach dem Verlust, für den Zins gezahlt werden muß, läßt sich schon jetzt festhalten, daß weder Besitz noch Eigentum auf Zeit verloren wird. Verloren geht vielmehr die Verfügungsfreiheit *über* Eigentum, also Eigentumsprämie bei der Belastung von Eigentum. Im geldschaffenden Kreditkontrakt wird diesem Verlust an Eigentumsprämie durch eine besondere Geldforderung Rechnung getragen: der Forderung auf *Zins*. Sie tritt zur Forderung auf Tilgung des geliehenen Geldes hinzu. Der Zins als Satz auf eine verliehene Geldsumme ist also unausweichlich ein *monetärer* Zins und niemals ein Güterzins. Genauso unausweichlich entsteht der Zins aber nicht durch Verzicht auf oder die *Auf*gabe von Geld, also nicht aus dem Verlust der Liquiditätsprämie auf Geld. Der Zins entsteht vielmehr bei der Schaffung von Geld *für* oder *Aus*gabe an einen Schuldner. Der geldschaffende Gläubiger kann das Geld nicht für sich selbst schaffen und deshalb auch nicht darauf verzichten wie ein Gläubiger, der bereits geschaffenes Geld weiterverleiht. Der Zins entsteht also bei der Schaffung von Geld und nicht bei seiner Weiterverleihung.

Im geldschaffenden Kreditkontrakt verliert nicht nur der Gläubiger, sondern auch der Schuldner Eigentumsprämie, da er für das Geld nicht nur Zins zusagen, sondern auch sein Eigentum belasten muß. Für das Verständnis des Zinssatzes ist zu unterstreichen, daß der geldschaffende Gläubiger den Verlust seiner Eigentumsprämie nicht durch die Eigentumsprämie des Schuldners kompensieren kann, denn es gehen ja nicht Eigentumsrechte des Schuldners auf Zeit an den Gläubiger über. Wenn das so wäre, könnte der Gläubiger während des Kreditzeitraumes das Eigentum des Schuldners für eigene Zwecke belasten. Dieses Eigentum ist aber bereits durch den Schuldner für den Kredit belastet, so daß dem Gläubiger vom Schuldner keinerlei Belastungsrechte zugehen. Die beiden tauschen also keine Eigentumsrechte aus, sondern vereinbaren lediglich die temporäre Belastung des Schuldnereigentums.[16] Im geldschaffenden Kreditkontrakt gehen also *beide* Eigentumsprämien verloren.

---

[16] Peter Spahn (1998, S. 388 f.) hat unsere Zinserklärung so gelesen, daß beide Partner im Kreditvertrag Eigentumsrechte austauschen, so daß der Gläubiger neben dem Zins auch noch die Eigentumsprämie des Schuldners erhalte, der Zins also die Differenz zwischen beiden Eigentumsprämien dar-

Die Antwort auf die wirtschaftstheoretische Grundfrage nach
dem Verlust, der mit Zins auszugleichen ist, ist daher mit dem *Verlust der Eigentumsprämie des Geld schaffenden Gläubigers* gegeben.
Zins kompensiert also keinen temporären Güter- bzw. Konsum-
verlust, wie das die neoklassische Theorie behauptet. Der Gläubiger
nutzt seinen Güterbesitz während des Kreditzeitraumes vollkommen ungehindert weiter. Die neoklassische Theorie läßt sich auch
nicht mit der Variante retten, daß der Gläubiger deshalb Zins erhalten müsse, weil er die Besitzseite des verpfändeten Schuldnereigentums während des Kreditzeitraumes nicht nutzen dürfe, sondern der
Schuldner damit ungehindert fortfahre, der Gläubiger also Konsumverzicht erleide.[17] Diese Sicht rekurriert auf die Institution der

stelle, weil die des Gläubigers höher sei. Tobias Roy (1999, S. 169 f.) hat
Spahns Mißverständnis schöpferisch in der Weise vorangetrieben, daß der
Gläubiger durch Gewinn der Schuldnereigentumsprämie ja bereits entschädigt
sei und dann nicht auch noch Zins verlangen könne, wir also gar keine Zinstheorie lieferten (zu unserer Antwort vgl. Heinsohn/Steiger 1999a, S. 315).
Spahns These unterschiedlich hoher Eigentumsprämien von Gläubiger und
Schuldner hat Roy in die Liquiditätsprämientheorie des Zinses von Keynes
umarbeiten und uns dann diese unterstellen wollen. Der Gläubiger habe Geld-
eigentum, dessen Prämie höher sei als die Prämie des ihm verpfändeten –
nicht-monetären – Eigentum des Schuldners. Der Zins messe dann diese Differenz. Der Gläubiger erhalte also ganz wie bei Keynes «darum einen Zinssatz,
weil er temporär auf Liquidität verzichtet» (Roy 1999, S. 169 f.). Roy setzt –
wie alle Monetärkeynesianer – Geld einfach voraus, so daß er sich um die
Zinsentstehung bei der Geldschaffung nicht zu kümmern braucht. Der geldschaffende Gläubiger ist aber kein reicher Geldsack, der den Sack zumachen
oder fürs Verleihen aufmachen kann. Er bekommt das Geld nie zu fassen,
wenn es geschaffen wird, weil er es für einen Schuldner schafft (vgl.
Heinsohn/Steiger 1999a, S. 316.)

[17] Roy (1999, S. 169) hat uns in diesem Sinne listig nicht nur monetärkeynesianisch, sondern sicherheitshalber auch noch neoklassisch interpretieren
wollen. Er meint, daß der Gläubiger, da er ja vom Schuldner nichts gewinne,
beim Eigentumsprämienverlust durch Geldschaffung einen «intertemporalen
Aufschub seiner Handlungs- und Konsummöglichkeiten» erleide und dafür
Zins erhalten müsse. Roy übersieht, daß eine solche Beschränkung der Hand-
lungs- und Konsummöglichkeiten des Gläubigers gerade nicht stattfindet, da
der Gläubiger ja nicht Konsummöglichkeiten, sondern Belastungsmöglich-

antichresis (Nutzungspfand) in der Geldwirtschaft des antiken Griechenland. Dort gab es in den Kreditkontrakten in der Tat das Recht des Gläubigers, die Besitzseite des verpfändeten Schuldner-Grundeigentums zu nutzen, im Normalfall also auf Saat und Ernte zuzugreifen. Das Recht auf diesen Ertrag bedeutete aber niemals einen Verzicht des Gläubiges auf Zins, sondern lediglich das Recht auf eine Verrechnung mit seiner davon vollkommen unberührten Zinsforderung. Da im Normalfall der Zins für den Eigentumsprämienverlust des Gläubigers aus der Besitzseite des Schuldners gewonnen werden muß, bedeutet die *antichresis* lediglich, daß bei Nachlässigkeit des Schuldners der Gläubiger bei der zinsverdienenden Nutzung des Schuldnerbesitzes ein Wörtchen mitredet.

Der Zins kompensiert auch nicht den Verlust der Liquiditätsprämie auf Geld, die bei einem temporären Aufgeben von Geld anfällt, wie die monetärkeynesianische Theorie glaubt. Bei solchem Verleihen ist Geld vorausgesetzt, das bereits gegen Zins geschaffen worden ist. Wiewohl beim Weiterverleihen des so geschaffenen Geldes auch der Zinsanspruch weitergegeben wird, kann diese Weitergabe des Zinses nicht den Zins selbst erklären.

Nicht nur bei ausbleibender Tilgung, sondern auch bei Nichtleistung von Zins greift der Gläubiger auf das Kollateral des Schuldners zurück. Das bedeutet aber nicht, daß die Gläubigerforderung auf Stellung von Sicherheiten aus der Gläubigerforderung auf Zins abgeleitet werden kann. Durch Stellung von Sicherheiten kann der Schuldner den Gläubiger also nicht von seiner Zinsforderung abbringen.

Sicherheiten, die als Kollateral in einem Kreditkontrakt verwendet werden, sind niemals risikolos, sondern unterliegen der Marktbewertung. Es gibt immer eine Rangordnung von Eigentumstiteln mit der Abstufung von solchen an Grund und Boden mit dem geringsten Risiko über solche an Kapitalgüter und handelbaren Forderungen bis hinunter zu solchen an kontrahierten Einkommen mit

keiten aufgibt. Die erste Option gehört zum Besitz, die zweite zum Eigentum (vgl. Heinsohn/Steiger 1999a, S. 315).

dem höchsten Risiko. Diese Risikohierarchie spielt aber nur bei der Bestimmung der *Höhe* des Zinssatzes eine Rolle. Daher kann der durch die Eigentumsprämie bestimmte *reine* Zinssatz um eine *Risikoprämie* erhöht werden, der den eher möglichen Verlust bei schuldnerischer Nichtleistung ausgleichen soll. Diese Risikoprämie des Gläubigers, die zu einem Aufschlag auf den Zins führt, darf nicht verwechselt werden mit der Eigentumsprämie des Gläubigers, deren Aufgabe zum Zins selbst führt. Deshalb kann selbst vollkommen mündelsicheres Kollateral des Schuldners keinen Gläubiger zum Verzicht auf den Zins, sondern allenfalls zum Verzicht auf einen Aufschlag auf den Zins bewegen.[18]

3c Rechengeld und eigentliches Geld

Der Kreditkontrakt, in dem Geldnoten als Ansprüche gegen Eigentum des Emittenten geschaffen werden, konstituiert *uno actu* einen einheitlich-*abstrakten Wertmaßstab*. Der Gläubiger kann gar nicht anders, als diesen Standard zu setzen, wenn er seine Eigentumsprämie einschätzt, deren Verlust er durch einen vom Schuldner zu fordernden Zinssatz ausdrücken muß. Im Moment der Zinssatzfestlegung – als Verhältnis der Zinsen auf die Leihsumme zur Leihsumme selbst – hat der Gläubiger sein Eigentum bewertet.

Die bekannte Formel zur Bestimmung eines Vermögenswertes – $i=r/R$ – resultiert aus eben diesem Vorgang. Dabei steht i für den Zinssatz, r für die Erträge und R für den Vermögenswert einer Periode. Bei Annahme konstanter Erträge müssen Änderungen des Zinssatzes den Vermögenswert R gegenläufig verändern. Die Bewertung allen Eigentums gehorcht dieser Formel. Erhöhungen des Zinssatzes reduzieren, Verringerungen des Zinssatzes erhöhen den Wert des Eigentums. Irving Fisher hatte das auf seine Weise ja ge-

---

[18] Läufer (1998, S. 5), der glaubt, daß die Eigentumsprämie dasselbe sei wie die Risikoprämie, hat die fundamentale Differenz zwischen beiden nicht einmal zu ahnen begonnen.

ahnt: «Die jährliche Ernte wird nicht deshalb 5.000 Dollar wert sein, weil der Obstgarten einen Wert von 100.000 hat, sondern weil die jährliche Ernte netto 5.000 Dollar wert ist, wird der Obstgarten einen Wert von 100.000 haben, *wenn* der Zinssatz 5 Prozent ist. Die 100.000 Dollar sind der diskontierte Wert eines erwarteten Einkommens von 5.000 Dollar jährlich; und bei dieser Diskontierung ist bereits ein Zinssatz von 5 Prozent impliziert» (Fisher 1930, S. 55; unsere Hervorhebung). Die Schlußfolgerung, daß der Vermögenswert sich gegenläufig zum Zinssatz ändert, ohne daß der Wertertrag sich ändern muß, konnte Fisher bekanntlich nicht ziehen. Verdoppelt sich nämlich in seinem Beispiel der Zins auf zehn Prozent, dann hätte sich der Wert des Obstgartens bei unverändertem Ertrag von 5.000 Dollar für die Äpfel auf nur noch 50.000 Dollar halbiert.

Es ist also nicht ein Güterertrag in Äpfeln, sondern der Zinssatz die Quelle für die Bestimmung des Wertes des Obstplantageneigentums. Die Eigentumsprämie als *Ur*wert und der Zins als sich daraus ergebender *Ur*preis stammen mithin aus dem geldschaffenden Kreditkontrakt und nirgendwo sonst her.[19]

Die Sequenz vom Kreditvertrag zum Geld hat Ralph Hawtrey in seiner Formulierung geahnt, daß Schuldkontrakte nicht durch Geld definiert sind, sondern «Geld muß von Schuldkontrakten her definiert werden» (Hawtrey 1930, S. 545). Unter Geld versteht Hawtrey (1926, S. 2) dabei «Rechengeld» (*money of account*[20]). Ganz ähnlich hat Keynes gesehen, daß «ein Rechengeld zusammen mit Schuldtiteln entsteht.» Darüber hinaus hat er durch die Unterscheidung von Rechengeld und eigentlichem Geld (*money proper*) deutlich gemacht, daß ersteres «in der Geldtheorie grundlegend ist», weil letz-

---

[19] Läufer stellt sich vor (1998, S. 10), daß eigentliches Geld nicht eigentumsbasiert sein könne, da der Wert des Eigentums nicht bestimmt werden könne, bevor sein Preis nicht über die Wahl eines Standardgutes bekannt sei, weshalb wir bestenfalls eine Warengeldtheorie geliefert hätten. Er übersieht, daß mit der Zinsfestsetzung als Materialisierung der Eigentumsprämie die Größe gegeben ist, aus der die Bewertung erfolgt.

[20] Der Terminus «money of account» geht auf James Steuart (1767, Band I, S. 526) zurück.

teres «seinen Charakter aus seiner Beziehung zu einem Rechengeld ableitet, da Schuldtitel ... zuerst in letzterem ausgedrückt worden sein müssen. ... Eigentliches Geld kann nur in seiner Beziehung zu einem Rechengeld existieren» (Keynes 1930, S. 3).

Aus Keynes' Differenzierung folgt, daß eigentliches Geld kein Tauschmittel ist, sondern ein Zahlungsmittel zur Begleichung von Schulden, also ein Schuldendeckungsmittel. Es folgt weiterhin, daß das Rechengeld als ein dem eigentlichen Geld vorgeordneter *Geld*standard ein *abstrakter* Maßstab ist, der zum Ausdruck der Eigentumsprämie in einem Zinssatz dient. Er darf nicht mit dem aus einem physischen Standard*gut* abgeleiteten, also *konkreten* Maßstab verwechselt werden. Mit der neoklassischen *Recheneinheit – unit of account* oder *numéraire* – werden Besitz-Güter mit Hilfe eines konkreten Normgutes als Einheit gemessen. Mit dem Rechengeld hingegen werden abstrakte Eigentumstitel ohne Rekurs auf mit ihnen verbundene Besitztitel operabel gemacht. Daß es Eigentumstitel sind, aus denen Schuldkontrakte und Zins überhaupt nur erwachsen können, haben weder Hawtrey noch Keynes gesehen. Ihre scharfsinnigen Beobachtungen haben denn auch die neoklassische Dichotomie zwischen (relativen) Güterpreisen und (absoluten) Geldpreisen nicht überwinden können.

Im neoklassischen Modell der Realtauschwirtschaft erhält die Einheit des Standardguts, das als Recheneinheit – nicht Rechengeld – gewählt wird, den Preis *1* (eins). Dieser Preis dient als *nominaler* Anker für die Preise aller anderen Güter. Dabei werden durch Nutzenschätzungen bewertete Gütermengen, die sich zu ihren Grenznutzen tauschen, in dem Preis *1* des Standardgutes gemessen. Deshalb können sie allein in einem *numéraire*-Geld ausgedrückt werden. Auch mit einem Standardgut-Anker können jedoch lediglich *relative* Preise als Verhältnisse von Gütermengen ermittelt werden. Allein die Anzahl der Tauschrelationen läßt sich durch die Wahl eines Standardgutes verringern.

In der Wirtschaft der Eigentumsgesellschaft hingegen arbeitet der geldschaffende Gläubiger nicht mit einer *Gütereinheit* als nominalem

Preisanker. Vielmehr monetarisiert er seine Eigentumstitel. Sie haben zwar immer auch eine Güter- bzw. Besitzseite. Diese aber wird beim Geldschaffen gerade nicht aktiviert. Der Gläubiger hat für das Geld also keinen Maßstab durch irgendein bekanntes Gut vorgegeben. Vielmehr setzt er durch die kreditäre Geldschaffung überhaupt erst durch, daß in Geld – und eben nicht in Gütern – gerechnet werden *muß*, in Rechengeld also. Mit der Einschätzung der im Emissionsakt verlorenen Eigentumsprämie, also der Zinsberechnung setzt der Gläubiger einen Geldstandard. Mit diesem wird dann festgelegt, in welchen *Geldeinheiten* eigentliches Geld emittiert, Kreditverträge ausgestellt und Einlösungsverpflichtungen eingegangen werden.

Wenn ein Gläubiger A erstmals Noten im Wert von hundert A-Mark in einem geldschaffenden Kreditkontrakt zusagt und dafür hundert Quadratmeter seines Grundeigentums belastet, dann bedeutet das also nicht, daß ein zukünftiger Einlöser einer mit dem Kreditkontrakt emittierten A-Mark-Note Anspruch auf einen Quadratmeter Eigentum des A erheben kann. Es bedeutet lediglich, daß er Anspruch auf Eigentum des A im Wert von einer A-Mark erheben kann. Für den Fall eines Quadratmeters bedeutet dies, daß der Geldemittent den Peis seines Grund und Bodens stabil halten muß.

Zuallererst trifft die Bemessung in Rechengeld selbstverständlich die Eigentumstitel, die im geldschaffenden Kreditkontrakt vom Gläubiger belastet werden. Im selben Vorgang wird jedoch auch das Eigentum, das der Schuldner verpfändet, in diesem Rechengeld gemessen. Dieses bedeutet, daß Schuldnereigentum mindestens in Höhe der ausgebliebenen Tilgungs- und Zinssumme verkauft wird und das dabei erlöste Geld in geschuldeter Höhe an den Gläubiger fällt.

Die aus dem Zinssatz resultierende Bewertung von Gläubiger- und Schuldnereigentum zieht die *Marktbewertung* nach sich. Der Kredit- oder *Vermögensmarkt* entsteht überhaupt erst dadurch, daß prinzipiell nun alles belastbare Eigentum, also Vermögen, einen

Preis in diesem Rechengeld erhält. Auf dem Vermögensmarkt wird der Grad der Zinsenbedienungs- und Tilgungsfähigkeit unterschiedlicher Eigentumstitel ermittelt und so die absolute Höhe ihres Preises oder Kurses festgesetzt. Da Zinsenbedienung und Tilgung im Normalfall aus der Besitzseite der Eigentumstitel – qua Produktion von Waren, mit denen Geld per Kaufvertrag eingeworben werden kann – erfolgen, ist die Eigentumswirtschaft durch permanente Bestrebungen zur Ertragssteigerung dieser Besitzseite gekennzeichnet. Die Festigung der Kreditwürdigkeit von Eigentümern bzw. die Abstandsvergrößerung zur Überschuldungsschwelle zwingt zu einer ununterbrochenern Suche nach solchen Ertragssteigerungen.

Die Neoklassik untersucht den Vermögensmarkt – wie gezeigt – als einen von Rationierungen beschränkten Gütermarkt. Hingegen erscheint er dem Monetärkeynesianismus als Kernzelle des Wirtschaftens, die den Gütermarkt über den Liquiditätsverzicht bzw. die Geldaufgabe der Vermögensbesitzer dominiert und steuert. Kreditkontrakte werden aber nicht in einem aus Gütertauschprozessen entspringenden Standardgut (Klassik und Neoklassik) ausgedrückt, das *vorab* existiert. Sie werden auch nicht *vorab* von einem willkürlich gesetzten Standard einer monetären Behörde, der Autorität Zentralbank, bestimmt (Monetärkeynesianismus). Vielmehr steht der Geldstandard in Relation zu Eigentumstiteln, die nun wirklich *vorab* und zugleich jenseits der Gütersphäre existieren müssen und deren Belastbarkeit, genauer: der *Bereitschaft* sie zu belasten, dem Wirtschaften Drang und Grenze setzen. Unabhängig von diesen Titeln kommt es zum Geldstandard nicht.

Diese Einsicht in das «Vorab» der Eigentumstitel versetzt der *real bills*-Doktrin den entscheidenden Stoß. Diese hatte ja ihre Zurückweisung der Möglichkeit einer exzessiven Banknotenausgabe damit begründet, daß bei der – ausschließlichen – Hereinnahme von Sicherheiten in Form guter Handelswechsel eine reale Deckung und damit Beschränkung der Notenemission durch die den Wechseln entsprechenden, also bereits vorhandenen Güter gewährleistet sei. Die berühmte *fallacy* dieser Lehre liegt nun nicht darin, daß sie überhaupt nach einer Grenze für die Notenemission gesucht hat, sondern mit ihrer Grenze in realen Gütern dem Paradox verfiel, daß im Kredit Geld ganz offensichtlich für erst noch zu produzierende Güter geschaffen wird. Deshalb muß die Geldschaffung durch etwas beschränkt werden. Dieses andere ist die Bereitschaft, Eigentum für Einlösung (emittierender Gläubiger) und Verpfändung (kreditnehmender Schuldner) zu belasten. Allein diese Eigentumsblockierung führt zur Schaffung von Geld, das der Güterproduktion vorhergeht, also von ihr nicht begrenzt wird.

Der Charakter des Eigentums als einziger genuiner Sicherheit wird auch dadurch nicht relativiert, daß es Bewertungsschwankungen unterliegt. Denn diese können nicht dazu führen, daß etwas anderes an seine Stelle tritt. Bei der Geldschaffung wird diesen Schwankungen dadurch Rechnung getragen, daß es nur gegen risikoarme Eigentumstitel emittiert wird. Risikoreichere Titel werden nur mit einem Abschlag hereingenommen, oder sie werden durch Reserven unterfüttert. Dieses erhöhte Eigenkapital bedeutet, daß der Gläubiger den Überschuß seiner Eigentumstitel (Aktiva) über seine Verbindlichkeiten (Passiva) steigert. Unterbleibt die Verankerung des Geldes in risikoarmem Eigentum, dann steht die emittierende Instanz ohne Aktiva da, mit denen sie ihr Geld aus dem Umlauf ziehen kann. Ihre Währung erweist sich als ungenügend besichert.

Die Geldschaffung im Kredit führt zu zwei unterschiedlichen Dokumenten, die beide im Rechengeld denominiert sind: (i) das zinstragende Dokument, das durch Kollateral des Schuldners gesichert ist und (ii) das nicht zinstragende Dokument, das im Eigentum des Gläubigers verankert ist. Das erste Dokument ist der Kreditvertrag, durch den das zweite Dokument *uno actu* emittiert und als eigentliches Geld oder Geldnote verliehen wird. *Geld wird also im Kredit geschaffen, ohne dadurch selbst ein Kredit zu werden.*

Der bekannte Fehler der Banking-Schule, Geld mit Kredit gleichzusetzen, konnte nur eintreten, weil sie zwischen dem, was einen Kreditkontrakt ausmacht und dem was eine Geldnote ausmacht, nicht unterschieden haben. Der Kredit muß immer durch etwas anderes als ihn selbst erfüllt werden, also durch eigentliches Geld bzw. bei Nichterfüllung in Geld durch verpfändetes Schuldnereigentum. Die Geldnote hingegen, obwohl sie in einem Kreditkontrakt geschaffen ist, begründet keinen Anspruch gegen einen Schuldner. Die von ihrem Emittenten eingegangene Einlöseverpflichtung ist ja ein – kontraktloser – Anspruch gegen einen Gläubiger.

Geld ist also nicht das, was heute irrtümlicherweise «Kreditgeld» genannt wird. In seiner augenfälligsten Variante, den Sichtguthaben, ist es nicht anders als der Kreditkontrakt eine – allerdings jederzeit fällige – Forderung auf Geld. Im Unterschied zum Kreditkontrakt können mit Sichtguthaben gegenseitige Forderungen verrechnet werden. Sichtguthaben sind dabei jedoch – wie häufig angenommen wird – kein Substitut für eigentliches Geld. Mit Sichtguthaben können lediglich Forderungen in Geld gegen Verbindlichkeiten in Geld gegenüber Dritten an Zahlungs Statt, also an Stelle von Zahlung in eigentlichem Geld aufgerechnet werden (vgl. Stadermann/ Steiger 2001, S. 289 f.). Bei der Schuldendeckung mit eigentlichem Geld hingegen braucht der Bezahlende keinen Dritten, der ihm gegenüber eine Verpflichtung eingegangen ist bzw. gegenüber dem er eine Forderung auf Geld hat.

Das zinstragende Dokument – der Kreditkontrakt – ist ein spezifizierter Titel, in dem Gläubiger und Schuldner benannt sind. Es verpflichtet einen bestimmten Schuldner einem bestimmten Gläubiger die geliehene Geldsumme zu refundieren, Zins zu zahlen und Eigentum mindestens im Wert der geliehenen Summe zu verpfänden. Als handelbarer Titel – Anleihe – kann der Gläubiger wechseln, während die Anleihe selbst und ihr Schuldner unverändert bleiben. Der Anleihe-Schuldner muß nichts verpfänden, seine Vollstreckungsfähigkeit (Bonität bzw. Eigentumsausstattung) wird jedoch von Spezialisten – Ratingagenturen – geprüft.

Das nicht zinstragende Dokument – die Geldnote – ist insofern ein anonymisierter Titel, als nur der Emittent, nicht jedoch der

Schuldner benannt ist, für den das Geld emittiert wurde. Der Emittent verpflichtet seinen namentlich genannten Schuldner, ihm die geliehene Summe zu refundieren. Er will jedoch nicht, daß ihm Dritte, an die das Geld seines identifizierten Schuldner gelangt ist, die Geldnoten zur Einlösung präsentieren, obwohl alle dazu das Recht haben. Die Geldnote verpflichtet ihn zur Einlösung. Da er daran jedoch nicht interessiert sein kann, wird er alles dafür tun, sie in der Zirkulation zu halten, also ihre *Zirkulationsfähigkeit* zu sichern. Es ist nun die Güte des Eigentums, das er selbst für die Geldnoten belastet hat und die Güte des Eigentums, das ihm sein Schuldner als Pfand gestellt hat, die darüber entscheidet, ob ihm Geldnoten zur Einlösung präsentiert werden oder nicht. Jeder aktuelle Halter der für ihn *anonymisierten* Geldnote hat also eine *Option* zur Einlösung, aber keine Verpflichtung. Nimmt er die Option wahr, gibt er damit dem Gläubiger ein Signal des Mißtrauens über die Besicherung seines Geldes. Der namentlich bekannte Schuldner aus dem ersten Dokument – dem Kreditkontrakt – jedoch hat nicht etwa eine Option, sondern allein die *Verpflichtung* zur Erfüllung seiner Verbindlichkeiten.

Obwohl wir den Keynes'schen Begriff *money proper* verwenden, identifizieren wir uns in keiner Weise mit Keynes' Vorstellung, daß – in Anlehnung an Georg Friedrich Knapp (1905) eigentliches Geld immer *Staatsgeld* sei (dazu ausführlich Stadermann/Steiger 2001, S. 288-294).[21] In seiner Analyse des Kreditkontrakts betont Keynes (1930, S. 6), daß im Bankenverkehr bei der Begleichung einer Forderung die bloße Anerkennung einer Verbindlichkeit als Substitut für eigentliches Geld dienen könne. Er nennt eine solche Verbindlichkeit «Bankgeld» im Sinne von «Kreditgeld». Er weiß durchaus, daß Bankgeld nicht mit eigentlichem Geld verwechselt werden darf. Wenn jedoch nicht ein Privater, sondern der Staat eine Verbindlichkeit eingehe, dann entstehe eine «besondere Art von Bankgeld» oder

---

[21] Als aktueller Vertreter der Knapp-Keynes'schen Staatstheorie des Geldes ist der Fundamental-Keynesianer L. Randall Wray (2000, S. 50-56) hervorgetreten.

Repräsentativgeld: «Der Staat kann in diesem Falle sein chartalisti-
sches Vorrecht nutzen, um den Schuldtitel selbst als ein Zahlungsmittel mit Annahmepflicht zur Erfüllung einer Verbindlichkeit zu
bestimmen. Eine besondere Art des Bankgeldes wird dann in eigentliches Geld umgewandelt – eine besondere Art eigentlichen Geldes,
die wir repräsentatives Geld nennen können. Wenn jedoch etwas,
das ursprünglich eine Schuld war, eigentliches Geld geworden ist,
hat es seinen Charakter geändert. Es sollte von nun an nicht mehr
als Schuldtitel bezeichnet werden, denn das Wesen einer Schuld
besteht darin, in etwas anderem als ihr selbst erfüllt zu werden»
(Keynes 1930, S. 6).

Keynes' Vorstellung vom eigentlichen Geld als Staatsgeld hat ihn
zu dem Vorschlag verleitet, öffentliche Beschäftigungsprogramme
durch von der «Regierung gedrucktes Geld» («government printing
money») zu finanzieren (Keynes 1936, S. 200; Stadermann/Steiger
2001, S. 310-320). Diese Vorstellung einer Notenbankfinanzierung
öffentlicher Ausgaben geistert bis heute in der herrschenden Geldtheorie herum, wenn Geld als öffentliche Schuld definiert wird
(Tobin 1963, S. 8). Zugleich kennt die Geschichte der Geldnoten-
schaffung – gerade auch in Deutschland – etliche Fälle, in denen Re-
gierungen das mühsame Beibringen guter Sicherheiten dadurch
unterlaufen haben, daß sie nicht marktfähige Staatstitel in eigentliches Geld transformiert haben. Es sei nur an die «Darlehenskassenscheine» im 1. Weltkrieg und die «Mefo-Wechsel» der Hitlerzeit
erinnert, gegen die von der Reichsbank Noten emittiert werden
mussten. In beiden Fällen ist das Geldsystem zerstört worden.

3d Geldschaffung der privaten Notenbank

Prinzipiell kann jeder Eigentümer als Gläubiger für einen Schuldner
Ansprüche gegen sein Eigentum als Geldnoten emittieren. Die
Qualifizierung des Emittenten als belastungs- und damit einlösungs-
fähigen (Vermögens-)Eigentümer, der nur mit Hilfe eines Schuld-

ners Geld schaffen kann, der ihm dafür Eigentum verpfändet, sorgt
von ganz alleine dafür, daß nicht jedermann Geld schafft, also genuines Geld niemals ein «Jedermann-Geld»[22] sein kann.

Schon für die historisch erste Stufe der Geldwirtschaft – für die
mesopotamische Antike – ist nachgewiesen, daß private – noch
nicht als Banken fungierende – Eigentümer damit begonnen haben,
in zinsbelasteten und kollateralisierten Kreditkontrakten Geld zu
schaffen: «Der Kredit in seiner juristischen Ausgestaltung, die
Sicherheiten und die Zinserhebungen dürften nicht zuerst in den
[staatlichen] Tempel[-Banken] praktiziert worden sein. Die *Privat-
kontrakte sind viel älter als die heiligen Kontrakte.* Wir glauben, daß
es *Privatleute, Kaufleute oder Eigentümer,* gewesen sind, die den
Schuldkontrakt erfunden haben» (Bogaert 1966, S. 66; unsere Hervorhebungen).

Aus der Konkurrenz unter den Geld schaffenden Gläubigern ent-
wickeln sich die stärksten Eigentümer zu den ersten *Kredit*banken
und dabei *uno actu* zu *Geldemissions*banken. Wir werden sehen, daß
– Jahrtausende später – im Jahre 1833, als die Noten der *Bank of
England* gesetzliches Zahlungsmittel (*legal tender*) werden, dieses
ebenfalls nur deshalb gelingen kann, weil sie mit dem Privileg der

---

[22] Spahn (1998, S. 389) – vgl. ähnlich Spahn (1999, S. 28-30 und 74 sowie
2001, S. 60-62) – hat mit diesem Wort unsere Erklärung des Geldes in Frage
stellen wollen. Insbesondere sei nicht klar, warum die Eigentumsbelastung des
Gläubigers Geld sein solle, diejenige des Schuldners aber nur Pfand. Er versteht bei dieser Frage den Unterschied zwischen Geld und Kredit nicht. *Mit
Gläubigereigentum wird eine Geldnote* – also kein Kredit – *abgesichert, mit dem
Schuldnereigentum jedoch ein Kreditkontrakt,* also kein Geld.
Überdies hätten wir nicht gesehen, daß die Depositenverpflichtungen von
modernen Geschäftsbanken Ansprüche auf Geld und nicht auf Eigentum
seien. Er weiß dabei nicht, daß solche Ansprüche immer Ansprüche auf
Eigentum der Bank sind. Die moderne Geschäftsbank zeichnet sich ja dadurch
aus, daß sie kein Geld schaffen kann, weshalb Geldnoten, die nur von einer
Notenbank geschaffen werden können, bei ihr – anders als bei der Notenbank
– ein Aktivum, also Eigentum darstellen. Können die Forderungen der Depo-
nenten nicht aus dieser Eigentumsvariante befriedigt werden, muß die Geschäftsbank andere Eigentumstitel (Aktiva) in Geld verwandeln und notfalls
mit ihrem haftenden Eigenkapital sich der Vollstreckung ausliefern.

Aktiengesellschaft (Haftung nur mit dem Teil des eingebrachten Vermögens) ein vielfach größeres Gesamtvermögen hinter sich bringen kann als die privaten Notenbanken, die maximal über sechs unbegrenzt haftende Teilhaber verfügen dürfen (Hawtrey 1932, S. 131 f.).

Die antiken Kreditbanken emittieren auf verschiedenen Materialien dokumentierte «Noten» (Metallringe oder -plättchen, miniaturisierte Werkzeuge etc.), die gegen ihr Eigentum einlösbar sind. Die historische Forschung unterstreicht, daß es keineswegs Güter gewesen sind, die durch Geld tauschbar werden sollten. Im Gegenteil, es diente «als Mittel zur Umwandlung immobilen Vermögens in rechenbares Vermögen» (Starr 1982, S. 431).

Anfänglich waren die einlösbaren «Noten» mit Gersteneigentum besichert. Dessen Lagerungsfähigkeit, Gewichtsstabilität und Teilbarkeit war dafür ebenso entscheidend wie seine herausragende Rolle als Konsumgut (Nahrungsmittel) *und* als Investitionsgut (Saatgut). Im nächsten Schritt wurde mit dem Grundeigentum am Gerstenacker besichert und so die Abhängigkeit von beliebig produzierbaren Gütern überwunden. Allerdings war die Akzeptanz der «Noten» bei Nichtmitgliedern des Rechtssystems einer Polis eingeschränkt. Sie brauchten eine uneingeschränkte Gewißheit über die Zugänglichkeit des Kollaterals. Das konnte erst durch Amalgamierung der «Noten» mit besicherndem Eigentum erreicht werden, wie sie in der *privaten* Münze aus Edelmetalleigentum gefunden wurde. In der Münz-Geldnote war das Kollateral direkt greifbar geworden.

Dieses jetzt mit der «Note» zirkulierende Kollateral war jedoch dem Verlust durch Abnutzung, Klippen und Umlegierung etc. ausgesetzt, was ein neues Akzeptanzproblem hervorbringen mußte. Diesem wurde mit der Münze des *Staates* begegnet, der «Diebstahl» am Kollateral, also am Eigentum der Emissionsbank, durch Klippen oder Umlegieren mit Todesstrafe ahndete: «Die Münze schufen wohl *Privatleute* für wirtschaftliche Zwecke, doch lassen Bilder wie der lyd. [ische] Löwe, die Biene von Ephesus u.a. erkennen, daß die

Ausgabe bald in staatliche Regie gelangte» (Chantraine 1979, Sp. 1448; unsere Hervorhebung).

Durch Münzverschlechterung konnte nun jedoch der Staat selbst Diebstahl am Kollateral begehen. Sobald die metallenen Geldnoten existieren, setzten denn auch schon in den antiken Stadtstaaten Griechenlands Versuche ein, öffentliche Schulden – *qua* Einschmelzung und Neuprägung – mit mehr Münzen aus derselben Edelmetallmenge zu bezahlen. Die Banken erlitten durch Rückfluß solcher Münzen ebenso Kollateral-, das heißt Eigentumsverlust wie bei privaten Manipulationen. Sie hatten ihr Eigentum an Edelmetall für die Besicherung des Geldes dadurch blockiert, daß es als *Kurant* gleich mit in die Zirkulation gegangen war. Hingegen hat das Material der späteren *Scheidemünzen* und Banknoten mit ihrem Nennwert nichts zu tun.

Das eigentumsverteidigende Interesse führt zu einem besondern Typ von Bank, wie beispielsweise die im Jahre 1609 gegründete Bank von Amsterdam (Bagehot 1873, S. 79-82). In Amsterdam erhielten Waren anbietende fremde Kaufleute von den einheimischen Kaufleuten Wechsel, die von den Banken in Amsterdam in vollwertigen Münzen hätten eingelöst werden müssen. Wenn dann aber diese Banken bei Fälligkeit der Wechsel zu deren holländischen Ausstellern gegangen wären, hätten sie von diesen unterwertige Münzen im bloßen Nennwert erhalten, also einen Verlust gemacht. Dieses Problem löste die Bank von Amsterdam dadurch, daß sie den Wechselausstellern Guthaben in Höhe des realen Edelmetallswertes, nicht aber des aufgeprägten Nennwertes von ihnen eingelieferter Münzen einräumte. Zusätzlich berechnete sie Einschmelzkosten und sonstige Managamentaufwendungen. Von da an konnte ein niederländischer Einkäufer seine Wechsel überhaupt nur noch plazieren, wenn er ein Guthaben bei der Bank von Amsterdam unterhielt. Diese Guthaben wurden «Bankgeld» genannt. Von da ab konnten Forderungen und Verbindlichkeiten zwischen den Inhabern solcher Guthaben durch Verrechnung beglichen werden. Sie kamen also ohne das Risiko eines Verlustes von Edelmetalleigentum zum Ausgleich.

Für die Geldtheoretiker, Gesetzgeber und selbst die Banker wirkt die Verwendung von Edelmetallen – also von wertvollen Waren – bei der Ausmünzung von Geld-«Noten» ungebrochen verwirrend. Die späte Anerkennung der Banknote als gesetzliches Zahlungsmittel – beispielsweise 1833 in England und erst 1910 im Deutschen Reich – hat zu dieser Unklarheit beigetragen. Das gilt fast noch mehr für den Aufdruck auf den Dollarnoten vor Aufhebung der Goldeinlösepflicht, bis zu der die Banknote als gesetzliches Zahlungsmittel (*legal tender*) bezeichnet wurde, die in wirklich gesetzmäßiges Geld (*lawful money*) einlösbar sei. Die Vorstellung eines *Warengeldes* als etwas vom intrinsisch wertlosen Papiergeld fundamental unterschiedenen Geldes findet in dieser Konfusion ihren Ursprung. Bis heute hält sich die Vorstellung, daß bis zur Beseitigung des Goldstandards nur Gold und andere Edelmetalle wirkliches Geld gewesen seien, während Banknoten dieses *Geld* lediglich vertraten, weil sie in Gold eingelöst werden konnten. Das Gold lieferte jedoch lediglich *eine Variante* von Eigentum. Es kann also Geld ohne Gold emittiert werden, aber niemals ohne Eigentum. Moderne Zentralbanken, die mittlerweile ganz auf Gold verzichten – wie etwa die australische und bald auch die schweizerische –, müssen statt Gold dann ausschließlich andere Aktiva einsetzen. Gültig bleibt, daß allein gegen Eigentumstitel als Kollateral Geld emittiert werden darf.

In der Antike wie auch in der Neuzeit ist es die Kreditbank – und nicht die *Depositen*bank –, die zur Notenbank wird. Immer noch hält sich die populäre Ansicht, Papiergeld wäre von Goldschmieden dadurch erfunden worden, daß die Quittungen für bei ihnen *deponiertes* Gold wie gut gesicherte Banknoten zirkuliert hätten (Dowd 2000, S. 144 f.). Damit wäre die Depositenbank die Frühform der Notenbank geworden. Diese Sicht verdeckt die Tatsache, daß Geld erst bei einer Bank deponiert werden kann, wenn es zuvor in einem Kreditkontrakt geschaffen worden ist. Die Notenbank geht also als Kreditbank der Depositenbank voraus.

Diese Abfolge unmißverständlich deutlich zu machen, war Walter Bagehot in seiner berühmten *Lombard Street* (1873) deshalb

ein so wichtiges Anliegen, weil er zu erklären hatte, warum in seiner
Zeit nur in England ein nennenswerter Geldmarkt existierte. Er hat
als einziger Geldtheoretiker des 19. Jahrhunderts verstanden, daß
Banknoten im Kredit geschaffen werden und dabei nicht nur gegen
Zins, sondern immer auch gegen die Verpfändung von «Eigentum»
(Bagehot 1873, S. 89) an einen Schuldner gelangen. Ein so geschaffenes Geld drängt weder zur Einlösung noch zur Hortung. Das
Publikum beginnt dem Emittenten der Banknoten so sehr zu trauen,
daß es seine Noten bei ihm *nicht* einlöst, sondern – gegen Zins – als
Sichtguthaben deponiert: «Der Art und Weise, in der die Emission
von Noten durch einen Bankier den Weg zu ihm zurück als Depositen finden, ist leicht zu verstehen. Sobald eine Privatperson eine
große Menge Banknoten angehäuft hat, stellt sie schnell fest, daß sie
dem Bankier großes Vertrauen schenkt, ohne dafür etwas zu bekommen. ... Die Glaubwürdigkeit des Bankiers ist durch seine
Noten sehr überzeugend verbreitet worden. Ihre Akzeptanz durch
das Publikum führt dazu, daß er mit der so gewonnenen Glaubwürdigkeit gute Geschäfte machen kann» (S. 87 f.).

Lange vor Bagehot weiß bereits James Steuart (1767), daß die
ersten Notenbanken der Neuzeit aus Zusammenschlüssen von starken Eigentümern («*men of property*») entstehen. Diese verbinden in
sich die Funktionen von Gläubiger *und* Schuldner. Das von ihnen
geschaffene Geld, ihre *Banknoten*, erhalten anfänglich nur Teilhaber
dieser Eignerbank: «Wohlhabende Eigentümer verbinden sich ver-
traglich zu einem Bankunternehmen. ... Zu diesem Zweck bilden sie
einen Vermögensbestand, der aus jeder Art von Eigentumstiteln bestehen kann. Diese Aktiva-Fonds steht den Anteilseignern der
Bankgesellschaft gemeinsam als Sicherheit für die Noten zur Verfügung, die sie emittieren wollen. ... Sobald Vertrauen beim Publikum
erlangt worden ist, stellen sie Kredite oder Guthaben gegen gute
Sicherheiten [auch an das Nichtbanken-Publikum] zur Verfügung»
(Steuart 1767, Band II, S. 150).

Die Glaubwürdigkeit einer Bank wird zunächst durch die Eigentumsposition ihrer Anteilseigner begründet. Ausgebaut jedoch wird

die *Bonität einer Bank* durch die Bonität ihrer Schuldner, die nicht Anteilseigner sind, also das Publikum. Die Evolution von einer Notenbank als reiner Anteilseignerbank zu einer voll entwickelten Notenbank ist von Steuart ebenfalls sehr klar herausgearbeitet worden: «Wenn Papiergeld ohne erhaltenen Wert emittiert wird, dann besteht die Sicherheit einer solchen Note allein aus dem ursprünglichen Kapital der Bank. Wenn dagegen das Papiergeld gegen einen erhaltenen Wert [Eigentumspfand der Schuldner aus dem Publikum] herausgegeben wird, dann ist dieser Wert die Sicherheit, auf dem es unmittelbar beruht, und das Bankkapital fungiert – genau gesagt – lediglich subsidiär [das heißt früher für die Einlösung und heute die Liquiditätsreserve]» (Steuart 1767, Band II, S. 151).

Es sind also die verpfändbare Vermögenswerte des Banknoten im Kredit erhaltenen Publikums, welche den Noten Sicherheit verschaffen. Wären diese Werte nicht von bester Qualität, würden die Notenbank beim Bankrott ihrer Schuldner Einlöseforderungen aus den ja weiter umlaufenden Noten, die diesen Schuldnern geliehen worden sind, aus ihrem Eigenkapital bedienen müssen. Das könnte zu ihrer Zahlungsunfähigkeit führen. Die Notenbank kann sich aus einer solchen Zwangslage nicht dadurch befreien, daß sie Noten für sich selbst schafft, weil diese nur weitere Einlöseforderungen gegen sie begründen würden. Wiederum war es Steuart, die dies deutlich gesehen und damit der – etwa bei Riese – immer noch populären Vorstellung widersprochen hat, daß eine Notenbank in ihrem eigenen Geld niemals zahlungsunfähig werden könne. Er hat dabei verstanden, daß eine Noten emittierende Bank für diese immer mit Eigentum haften muß – mit ihrem Eigenkapital oder ihrem Eigenkapital im weitesten Sinne, also mit ihrem Gewinn: «Ich habe mich umso eingehender mit diesem Sachverhalt auseinandergesetzt, weil viele, die mit der Natur der Bank nicht vertraut sind, nicht recht zu begreifen scheinen, wie diese Institution jemals ohne Geld dastehen könne, da sie doch eine Münzstätte ihr Eigen nennt, die nichts als Papier und Tinte erfordert, um Millionen zu schaffen. Wenn sie aber die Bankprinzipien näher betrachten, so werden sie finden, daß jede

Note, die für einen konsumierten statt für einen erhaltenen und auf-
bewahrten Wert herausgegeben wird, nicht mehr und nicht weniger
ist als ein partieller Verlust am [Eigen-]Kapital oder am Profit der
Bank» (Steuart 1767, Band II, S. 151 f.).

In Steuarts einstufigem Bankensystem privater Notenbanken, die
einlösbare Banknoten herausgeben, kann sehr schön gezeigt werden,
daß die Eigentumsprämie insgesamt verloren geht. Die Nichtbank –
typischerweise ein Unternehmer-Schuldner – verliert Eigentumsprämie durch Verpfändung belastungsfähigen Eigentums an die Notenbank ebenso wie diese durch die Belastung ihres «ursprünglichen
Kapitals», das heißt Eigenkapitals, Eigentumsprämie aufgibt.

Fragt man nun, warum der Gläubiger-Eigentümer Geld emittiert,
um Zinsen zu verdienen, während der Schuldner-Eigentümer für die
Leihe von Geld Eigentum verpfändet und zusätzlich bereit ist, dafür
Zins zu zahlen, statt gegen seine guten Sicherheiten für sich selbst
Geld, also zinsfrei zu emittieren, so lautet die Antwort, daß letzterer
nicht in *Einlösepflichten* geraten will, also von der *Zirkulationsfähigkeit* der Noten profitieren möchte. Zwar muß er als Kreditnehmer
sein Eigentum verpfänden, aber dessen Besitzseite bleibt – solange
er seinen Verpflichtungen nachkommt – außerhalb der Reichweite
von anderen und damit für ihn nutzbar. Das hat ebenfalls bereits
James Steuart in seiner Diskussion der Emission von Papiergeld gesehen: «Und wofür zahlt er [der Schuldner] diesen Zins? Er hat
doch keinen Wert umsonst von der Bank erhalten; denn mit seiner
Verpflichtung hat er das volle Äquivalent für die Noten gegeben.
Aber diese Verpflichtung trägt Zinsen, und die Noten tragen keine,
warum? Weil das eine wie Geld zirkuliert und das andere nicht. Für
diesen *Vorteil der Zirkulation*, nicht für einen zusätzlichen Wert,
zahlt daher der Grundherr der Bank Zinsen» (Steuart 1767, Band II,
S. 131 f.; unsere Hervorhebung).

Warum ist die Periode der privaten Notenbanken zuende gegangen? Das lag daran, daß diese Banken nicht alleine, sondern mit
anderen in Konkurrenz, aber auch in Abhängigkeit agierten. Es ist
das System aus privaten Notenbanken, das von einzelnen Mitglie-

dern zu Fall gebracht werden konnte und am Ende auch zu Fall gebracht wurde. Gemeinhin hat die Forschung dieses Thema vernachlässigt, weil sie glaubt, daß eine unvorsichtige Emission einzelner Banken mit Abschlägen auf ihre Noten bestraft wurde und diese daraufhin sorgfältiger agiert hätten. Abschläge hat es durchaus gegeben, aber sie haben – wie bereits die zahlreichen Bankenkrisen des 18. Jahrhunderts zeigen – nicht verhindert, daß eine unvorsichtige Ausgabe von Noten zum Problem für andere Banken und damit für das Bankensystem insgesamt führten: «Damals waren Banken Notenbanken ... . Ständig wurden allen Banken ihre eigenen Noten von anderen Banken präsentiert, die diese im Geschäftsverkehr erhalten hatten. Die Verrechnung (*clearing*) der Noten führte zu Verbindlichkeiten zwischen Bank und Bank» (Hawtrey 1932, S. 134).

Damit nicht jede Bank mit jeder anderen in komplizierte und Unsicherheit schaffende Austauschprozesse ihrer Noten gezwungen wurde, schufen sich die englischen Notenbanken im Jahre 1773 die Institution des *clearinghouse*. Durch Einlieferung fremder Noten ins *clearinghouse* wurde schnell offensichtlich, welche Bank – nennen wir sie Bank D – mehr und womöglich für schlechtere Schuldner Noten als andere im Kredit geschaffen hatte.

Früher hatten die Banken A, B und C bei Bank D deren Noten präsentiert. Bank D hatte aber nicht genügend Goldeigentum oder Noten der Banken A, B und C, um deren Forderungen zu erfüllen. Dies blieb nicht geheim. Nun begann der *run* des Nicht-Banken-Publikums – der Depositeure – auf Bank D. Zugleich war offenbar, daß die Banken A, B und C auf uneinlöslichen Bank D-Noten saßen, also überexponiert waren. Daraufhin mußten sie ihre Ausleihungen einschränken. Damit erweckten sie gegenüber ihren Einlegern ebenfalls den Eindruck, deren Einlöseforderungen nicht erfüllen zu können. Sie erlebten nun ebenfalls einen *run* ihrer Einleger. Das ganze Bankensystem kollabierte.

Um solche Liquiditätskrisen zu vermeiden, trafen – etwa in Amerika – die *clearinghouses* zwei Maßnahmen. Sie erklärten die Aufhebung der Einlösepflicht aller Banken gegenüber ihrer Einlegern und schufen für die Banken A, B und C sogenannte *clearinghouse loan certificates*, die wie Bargeld im Geschäftsverkehr angenommen wurden (Gorton 1997, Sp. 99a-b).[23] Mit diesen Zertifikats-Noten konnten die Banken A, B und C dann ihre Einleger auszahlen, so daß ein allgemeiner *run* vermieden werden konnte.

Diese neu geschaffenen Verbindlichkeiten des *clearinghouses* entstanden aber keineswegs aus Nichts, sondern nur gegen zusätzlich eingelieferte Sicherheiten der Banken A, B und C. Das *clearinghouse* funktionierte also bereits wie eine *lender of last resort*-Instanz der modernen Zentralbank. Zugleich entwickelt sich das *clearinghouse* unvermeidlich zu einer Bankenaufsicht, von der Banken vom D-Typ unter Beobachtung gehalten werden. In den Vereinigten Staaten läuft dieses System noch bis zur Gründung des *Federal Reserve System* im Jahre 1913. In England hingegen nimmt bereits 1797 – im Zuge der Aufhebung der Einlösepflicht nach den Goldabflüssen während der napoleonischen Kriege – die *Bank of England* die *lender of last resort*-Funktion erstmals wahr. Die *Bank of England* konnte nur wegen ihrer überragenden Eigentumsposition in diese Funktion gelangen. Sie hatte, wie erwähnt, als einzige Notenbank das Privileg, eine Aktiengesellschaft sein zu dürfen, also unbegrenzt viele Teilhaber aufnehmen zu können, während die anderen Notenbanken auf das Vermögen von sechs Teilhabern beschränkt waren. Die 1694 gegründete *Bank of England* erhielt dieses Privileg 1708, weil sie von vornherein für die Finanzierung eines besonders großen Schuldners gegründet worden war, nämlich für die Regierung Englands. Wegen dieses Vorlaufs hatten englische *clearinghouses* statt eigener *certificates* immer schon Noten der *Bank of England* für das Liquidehalten der privaten Notenbanken verwenden können.

---

[23] In der US-Bankenkrise von 1907 emittierten die *clearinghouses* Anleihezertifikate in der Höhe von 500 Millionen Dollar, was immerhin 4,5 Prozent der Geldmenge *M1* (Sichtguthaben und Bargeld) bzw. um die 50 Prozent des Bargeldes entsprach (Gorton 1997, Sp. 99b).

3e Geldschaffung der zentralen Notenbank

Im heutigen zweistufigen Bankensystem aus zentraler Notenbank und privaten Geschäftsbanken in ihrer Rolle als Kreditbanken können letztere – anders als in Steuarts Zeitalter des einstufigen Systems privater Notenbanken mit einlösbaren Banknoten – das Geld, für das ihre Schuldner ihr gegenüber Eigentum verpfänden, nicht selbst schaffen.

Wie kommt es in diesem System zu frischem Geld? Dafür muß die Geschäftsbank bei der Notenbank vorstellig werden. In dieser geldschaffenden Begegnung kommen wiederum zwei Arten von Dokumenten ins Spiel. Die Notenbank gibt der Geschäftsbank (i) Zentralbanknoten. Zugleich setzt sie (ii) einen Kreditkontrakt auf, in dem – nicht anders als beim System privater Notenbanken – Forderungen auf Rückzahlung, Zinsung, Verpfändung und Terminierung niedergeschrieben sind. Der Unterschied besteht lediglich darin, daß der Kontrakt nicht zwischen einer Notenbank als Gläubiger und einer Nichtbank als Schuldner läuft, sondern zwischen der zentralen Notenbank und einer Geschäftsbank, wobei die Nichtbank nur indirekt beteiligt ist. Anders als die alte private Notenbank, die als Notenbank und Geschäftsbank Gläubiger war, ist die Geschäftsbank im geldschaffenden Kredit gegenüber der zentralen Notenbank ein Schuldner. Nur als Kreditbank gegenüber einer Nichtbank bleibt sie Gläubiger.

Was verpfändet die Geschäftsbank als Schuldner gegenüber der zentralen Notenbank? Im System privater Notenbanken wurden gute Sicherheiten von Schuldnern, die Nichtbanken waren, für die Notenemission gestellt. Nunmehr werden nicht etwa Sicherheiten aus dem Vermögen der Geschäftsbank für die Notenemission akzeptiert, sondern Forderungen an Nichtbanken, für die allerdings die Geschäftsbank haftet.

Es sind allerdings nicht die Kontrakte zwischen Geschäftsbanken und ihrer verpfändenden Schuldnern selbst, die bei der Zentralbank eingeliefert werden. Es erfolgt also keine Forderungsabtretung.

Schließlich kann eine zentrale Notenbank – anders als die private Emissionsbank, die gleichzeitig Kreditbank für Nichtbanken war – nicht hinter dem verpfändeten Grund- oder Gebäudeeigentum einer Nichtbank herlaufen. Es sind vielmehr problemlos handelbare *neue Titel* auf der Grundlage dieser Kontrakte. Das können zum Beispiel Pfandbriefe, also Forderungspapiere sein. Für diese haftet die Geschäftsbank gegenüber der Zentralbank zwar auch mit ihrem Vermögen und nicht mit dem Eigentum, das ihre Schuldner in den Kreditkontrakten verpfändet haben. Aber das Papier ist eine Forderung gegen diese Schuldner.

Von einer Geschäftsbank nur gegen eigenes Vermögen emittierte Schuldnerpapiere – etwa Bankschuldverschreibungen – sind also nicht zentralbankfähig. Werden diese Schuldnerpapiere hingegen von einer anderen Geschäftsbank gekauft, erweisen sie also ihre *Martkfähigkeit*, werden sie für diese ein Forderungspapier gegen die emittierende Geschäftsbank und damit zentralbankfähig. Bei der Zentralbank müssen also Forderungspapiere eingeliefert werden.

Die zentrale Notenbank schafft Geld also nicht gegen bloße Verbindlichkeiten, auch nicht gegen solche einer Geschäftsbank, sondern allein gegen Forderungen einer Geschäftsbank, deren Verbindlichkeit bei anderen liegt. Diese Unterscheidung mag verwirren, da jeder Forderungstitel immer auch ein Schuldtitel ist. Ein Schuldtitel (*debt*) wird aber erst dann zu einem Vermögen (*asset*), wenn er nicht beim ausstellenden Schuldner verbleibt, sondern von jemand anderem erworben wird, also in dessen Eigentum übergeht. Dieser Eigentümer ist dann Gläubiger des den Titel ausstellenden Schuldners.[24]

Zentralbanknoten haben damit einen höheren – wie wir gleich sehen: dreifachen – Besicherungsgrad als die der privaten Notenban-

---

[24] Die mangelnde Unterscheidung zwischen der *debt*-Seite und der *asset*-Seite ein und desselben Titels hat – wie oben gezeigt – Hajo Riese dazu verleitet, das im Kredit geschaffene Geld der Zentralbank als ihr Vermögen (*asset*) zu bezeichnen, das sie halten oder Schuldnern gegen Zins übereignen könne.

ken mit ihrer bloß doppelten Besicherung. Hinter den Noten einer privaten Zettelbank steht lediglich ihr eigenes Vermögen und das verpfändete ihrer Schuldner. Hingegen beginnt die Zentralbankaktivität überhaupt erst, wenn ein mit eigenem Vermögen haftender Gläubiger, der zusätzlich einen ihm gegenüber mit Vermögen haftenden Schuldner verpflichtet hat, an ihren Tresen tritt. Neben diese doppelte Besicherung tritt dann als dritte das uns nun beschäftigende Vermögen der Zentralbank selbst.

Die von der Zentralbank herausgegebenen Noten sind mithin schon vor ihren Toren mit dem Eigentum der anklopfenden Geschäftsbank und dem Eigentum des Schuldners dieser Geschäftsbank gesichert. Die selbst gegenüber ihrem Nichtbank-Schuldner in Gläubigerposition stehende Geschäftsbank verliert als zinszahlender Schuldner gegenüber der Zentralbank, der sie Eigentum verpfänden muß, Eigentumsprämie. Diese Prämie gewinnt jedoch ihr Gläubiger, eben die Zentralbank, nicht. Die Eigentumsprämie der Geschäftsbank geht verloren. Für diesen Verlust gewinnt die Geschäftsbank – nach Weitergabe des Zentralbankgeldes an ihren Nichtbank-Schuldner – von diesem Zins. Wie ihr Nichtbankschuldner behält auch die Geschäftsbank die Nutzungsrechte aus der Besitzseite des von ihr an die Zentralbank verpfändeten Vermögens. Sie verliert also materiell – ganz wie ihr eigener Schuldner – nichts.

Wo liegt nun die dritte Sicherungslinie und warum kann sie weder von den Geschäftsbanken noch von deren Nicht-Bankschuldnern bestückt werden? Weil die Zentralbank bei der Notenemission genau so den Grundsätzen des Bankwesens unterworfen ist wie die private Notenbank. Das bedeutet, daß die von der Zentralbank für ihre Notenemission hereingenommenen Sicherheiten zusätzlich von ihr selbst besichert sein müssen. Diese Aufgabe kann ihr nicht von anderen abgenommen werden. Deshalb muß auch eine zentrale Notenbank über Vermögen verfügen, das bei der Emission belastet wird, dessen Eigentumsprämie also verloren geht. Es ist eben dieser Verlust, den die Geschäftsbank mit Zins ausgleichen muß. Die Besitzseite des Zentralbankvermögens bleibt ebenso unberührt wie die

Besitzseite des verpfändeten Eigentums der Geschäftsbank und die der Nichtbank. Im geldgenerierenden Prozess nutzen also Zentralbank, Geschäftsbank und Nichtbank die Besitzseiten ihrer belasteten Eigentumstitel weiter.

Die Geschäftsbanken – als Empfänger des neu geschaffenen Zentralbankgeldes (Zentralbanknoten sowie Einlagen bei der Zentralbank) – zahlen Zins und gewinnen die *Liquiditätsprämie* des Geldes. Sobald die Zentralbanknoten zirkulieren, wiederholt sich dieser Vorgang bei den Nichtbanken. Wir können also sehen, dass die Liquiditätsprämie – anders als Keynes und Monetärkeynesianer irrtümlich annehmen – das Resultat und keineswegs die Ursache des Zinses ist. Wir sehen überdies, daß die zentrale Notenbank nicht deshalb Zins verlangt, weil sie angeblich ein «Geldvermögen» aufgibt, das sie auch noch selber schaffen kann. Sie muß den Zins vielmehr deshalb verlangen, weil sie bei der Notenemission Eigentumsprämie verliert. Diese Prämie fließt – nicht anders als bei der Geschäftsbank und der Nichtbank – aus ihrem Eigenkapital, also ihrem Nominalvermögen, das sie eben nicht selbst schaffen kann, sondern verdienen oder sonstwie einwerben muß. An alle Interessenten für bereits geschaffenes Geld reichen die Geschäftsbanken, für die dieses Geld gegen Zins bei der Zentralbank geschaffen worden ist, die Zinsforderung weiter. Im Rahmen dieser Zirkulation kann für den Laien oberflächlich der Eindruck entstehen, daß der Zins von der Geldaufgabe und nicht von der Geldschaffung komme.

In welcher Situation erweist sich, ob eine Zentralbank die Bankregeln befolgt hat oder nicht? Das geschieht beim Fallen der Kurse all ihrer Aktiva, deren Kursrisiko allein sie trägt. Dabei geht es um definitiv (*outright*) gekaufte Vermögenswerte der Geschäftsbanken sowie um Devisen und Gold. Für diese Kursrisiken muß die Zentralbank Rückstellungen tätigen, also ihr Eigenkapital erweitern.

Die Zentralbank kann Kursrisiken darüber hinaus dadurch begegnen, daß sie die Titel der Geschäftsbanken mit der Technik der Wertpapierpensionen (gleichzeitigen Rückkaufverpflichtungen der einliefernden Geschäftsbanken) hereinnimmt. Dabei verbleibt –

ähnlich wie beim Wechsel – das Risiko des Kursverfalls oder des völligen Ausfalls bei den einliefernden Geschäftsbanken. Bei Gold und Devisen wird eine bankmäßig operierende Zentralbank das *Niederstwertprinzip* anwenden, also nach dem *Anschaffungspreis* – wie früher die Bundesbank und heute noch das *Federal Reserve System* – und nicht nach dem aktuellen, also Kursgewinne berücksichtigenden *Marktpreis* – wie neuerdings das Eurosystem (vgl. dazu Heinsohn/ Steiger 2000b).

Fallen ihre Aktiva im Wert, dann ist auch eine Zentralbank überexponiert. Sie kann dann nicht mehr mit ihren Aktiva, gegen die sie emittiert hat und die jetzt im Wert gefallen sind, ihre Noten aus dem Umlauf ziehen. Sie hat also einen Verlust erlitten, den sie aus ihrem Eigenkapital – oder zu Lasten eines möglichen Gewinns – ausgleichen muß, wobei ihr Eigentums- und Besitzseite gleichzeitig verloren gehen. Wie wir schon bei Steuart gesehen haben, ist also die – insbesondere Riese'sche – Vorstellung abwegig, eine Zentralbank könne niemals zahlungsunfähig werden, weil sie das, was die Zahlungsunfähigkeit ausmache – fehlende Noten also –, jederzeit problemlos selbst produzieren könne. Natürlich kann sie Noten produzieren, aber sie kann die Aktiva, die Eigentumstitel, nicht produzieren, die diese Noten umlauffähig machen.[25]

---

[25] Als aktuelles Beispiel für den Beinahebankrott einer Zentralbank sei auf den Fall der «Bank Indonesia» im Jahre 1999 verwiesen. Sie hatte zur Aufrechterhaltung der Zahlungsfähigkeit indonesischer Geschäftsbanken, diesen für schlechte Sicherheiten 50 000 Milliarden Rupien (= 7 Milliarden US-Dollar) emittiert. Ein Großteil dieser Mittel war sofort ins Ausland transferiert bzw. in US-Dollar umgetauscht worden. Als etliche Geschäftsbanken dann nicht an die «Bank Indonesia» zurückzahlen konnten und bei diesen nun nichts zu holen war, konnte die «Bank Indonesia» nicht einmal mit ihrem gesamten Eigenkapital die Bilanz wieder glattstellen. Ihr Eigenkapital wurde also «negativ», so daß die Notenbank «technisch» bankrott war. Dieser Zustand wurde dadurch abgewehrt, daß die Regierung Mittel zur Rekapitalisierung bereitstellte, also mit Steuergeldern gute Titel kaufte und sie der Zentralbank als gleichsam allerletzter (staatlicher) «lender of last resort» übertrug (vgl. Leahy 2000 sowie unten, Fußnote 31).

Anders als die Noten der privaten Zettelbanken und die der frühen Zentralbanken (in den USA bis 1971) sind heutige Zentralbanknoten *nicht einlösbar*. Für den Laien kann deshalb der Eindruck entstehen, als seien sie von haftenden Sicherheiten – bestehe solches Eigentum nun in Gold oder anderen Titeln – entkoppelt und würden aus dem Nichts geschaffen. Diese Vorstellung verkennt, daß die Einlösbarkeit nach wie vor gegeben ist und auch gegeben sein muß. Sie beschränkt sich allerdings auf diejenigen Halter der Zentralbanknoten, die sich bei der Zentralbank refinanzieren dürfen. Das sind heute nun einmal ausschließlich zentralbankfähige Geschäftsbanken. Diese Exklusivität ist allein dem Umstand geschuldet, daß heutige Zentralbanken – anders als ihre Vorläufer des 19. Jahrhunderts – keine Kredite an Nichtbanken vergeben, so daß das Publikum nicht an den Schalter der Zentralbank gelangt.

Die Zentralbanknoten müssen auch heute *ein*lösbar sein, da die Geschäftsbanken, die sie von der Zentralbank in einem Kredit erhalten haben, die Noten zurückzahlen können müssen, um auf diesem Wege *ihre* verpfändeten Titel wieder *aus*zulösen. Wie eine Einlösung wirkt allerdings auch jeder definitive Kauf von Zentralbankvermögen (Gold, Devisen, gute Sicherheiten) am Offenen Markt, wozu aber wiederum nur zentralbankfähige Geschäftsbanken berechtigt sind. Die dabei von den Geschäftsbanken an die Zentralbank laufenden Noten dieser Zentralbank sind dann als Geld ebenso vernichtet wie im Zeitalter der allgemein einlösbaren Banknote. Damals konnte jedermann bei einer Notenbank – privat oder zentral – die von dieser emittierte Note gegen ihr Goldeigentum einlösen, wodurch die Noten als Geld vernichtet waren.

Der falsche Eindruck unbesicherten Zentralbankgeldes resultiert ein Stück weit auch aus der *lender of last resort*-Rolle der Zentralbank. Die Ratio dieser Funktion liegt darin, die Zahlungsfähigkeit der Geschäftsbanken jederzeit zu garantieren. Diese unstrittige Verpflichtung ist aber an Bedingungen für die Geschäftsbanken geknüpft, aus denen auch dem Laien ersichtlich ist, daß selbst bei Abwendung einer Liquiditätskrise das dafür neu geschaffene Geld keineswegs aus dem Nichts geholt wird. Walter Bagehot, der Begründer der Zentralbank als «the last lending-house» (Bagehot 1873, S. 53), hat zur Vermeidung einer Liquiditätskrise folgende Grundsätze aufgestellt: «Zu beachten sind zwei Regeln. Erstens: Für die Kredite [an die Geschäftsbanken] ist ein sehr hoher Zinssatz zu verlangen. Das wird sich als schwere Ahndung für irrationale Ängste auswirken und so die Mehrzahl der [Kredit]-Anträge von Personen verhindern, die sie gar nicht brauchen. ... Zweitens: Zu diesem hohen Zins soll *gegen alle guten Banksicherheiten* so viel ausgeliehen werden, wie das Publikum verlangt. Der Grund dafür ist leicht zu verstehen. Es soll eine unnötige Unruhe im Keim erstickt werden. Daher sollte alles unterlassen werden, was Unruhe verursacht. Denn die Art und Weise, Unruhe zu verursachen, besteht darin, jemand abzuweisen, obwohl er *gute Sicherheiten* anbieten kann» (Bagehot 1873, S. 197; unsere Hervorhebungen).

Bagehot wußte zwischen der Zahlungsunfähigkeit bei Insolvenz – also Überschuldung – und der Zahlungsunfähigkeit bei Solvenz, also zwischen Solvenz- und Liquiditätskrise, zu unterscheiden. Im letzteren Falle hat eine Geschäftsbank zwar ausreichend gute Sicherheiten, kann sie aber am Geldmarkt nicht schnell genug in Geld verwandeln und wird deshalb gegenüber Forderungen ihrer Einleger illiquide. Allein für solvente Banken ist die *lender of last resort*-Funktion gedacht.

Bagehot wußte nur zu gut, daß vom Prinzip der kreditären Geldschaffung nur gegen gute Sicherheiten selbst bei Gefahr einer Liquiditätskrise nicht abgewichen werden darf. Das bedeutet, daß in keinem Fall den Geschäftsbanken erlaubt wird, Titel einzureichen, die im normalen Kreditgeschäft niemals als Sicherheit anerkannt würden. Ralph Hawtrey, der nach Bagehot zweite und bisher letzte große Theoretiker der Zentralbank, hat diese Einsicht wie folgt formuliert: «Die wesentliche Aufgabe der Zentralbank als *lender of last resort* [...] kann nicht bedeuten, daß sie *jeder* Bank – unabhängig von ihrer aktuellen Lage und Verhaltensweise – Geld leiht. Weder in ihrer Rolle als Geschäftsbank noch als öffentliche Institution darf die Zentralbank es wagen, insolventen Borgern Liquidität anzubieten" (Hawtrey 1932, S. 126; unsere Hervorhebung). Dieses Verbot begründet er – ähnlich wie Steuart – mit der Notwendigkeit auch der Zentralbank, ihr Eigenkapital zu schützen: «Insbesondere in ihrer Funktion als Geschäftsbank kann sich eine Zentralbank niemals Risiken erlauben, die in keinem Verhältnis zu ihrem Eigenkapital stehen» (Hawtrey 1932, S. 126).

Bagehot ist in seiner Begründungen des Verbots, Geld gegen schlechte Sicherheiten zu emittieren, nicht so klar wie Steuart und Hawtrey. Er führt folgende Begründungen an: Erstens gehe es um den Schutz, «so weit wie möglich», der «Reserven» der Zentralbank und zweitens um den Schutz der « ‹gesunden› Leute, die gute Sicherheiten anzubieten haben.» Ziel dieses doppelten Schutzes sei die Vermeidung der Hereinnahme «schlechter Wechsel oder schlechter Sicherheiten ..., wodurch die Zentralbank letztlich Verluste macht» (Bagehot 1873, S. 198). Der mögliche Verlust der Zentralbank bedeutet hier aber nicht – wie bei Steuart und Hawtrey – einen von Bagehot gar nicht thematisierten Verlust an Eigenkapital, sondern lediglich einen Verlust an der Banknoten-«Reserve».[26]

---

[26] Das Halten einer Reserve ihrer Banknoten war bei der *Bank of England* ein Merkmal, das allein wegen ihrer Besonderheit der Zweiteilung in ein *Issue* und ein *Banking Department* auftrat. Ohne eine solche Besonderheit hält eine Zentralbank niemals ihre eigenen Banknoten als Reserve, sondern bucht sie aus, wenn sie durch den Rückgabe von Vermögenswerten, die ihre Emission bewirkt haben, zu ihr zurückfließen. Bei der *Bank of England* erfolgte diese Einlösung im *Issue Department*, wenn dieses Gold gegen die Einlieferung seiner Noten herausgab. Das *Banking Department*, das die Noten nicht schaffen konnte, mußte aber über eine Notenreserve im Umfang der Guthaben verfügen, die von den Geschäftsbanken bei ihm unterhalten wurden. Die Geschäftsbanken selbst verfügten über keine Notenreserven (vgl. Bagehot 1873, S. 163). Bagehot erkennt nicht, daß die Banknoten-Reserve durch Hereinnahme guter Sicherheiten erweitert werden kann. Er betrachtet sie vielmehr als eine unveränderliche Größe, die als solche geschützt werden müsse. Das ist letztlich auch die Ratio für seine Betonung des besonders hohen Zinses bei Gefahr einer Liquiditätskrise (Bagehot 1873, S. 197). Für eine aufschlussreiche Verschmelzung der Bilanzen der beiden Abteilungen der *Bank of England* vom 16.9.1903 zu einer einheitlichen Zentralbankbilanz, bei der die Bank-

Immerhin aber hat Bagehot verstanden, was von Zentralbank-
theoretikern gewöhnlich übersehen wird, nämlich daß die Bereit-
schaft des Publikums, gute Sicherheiten gegen Geld herzugeben
nicht als gegebene, sondern als ungemein empfindliche, also verän-
derliche Größe angesehen werden muß (vgl. auch Stadermann 1994,
S. 200). So argumentiert er für den Fall, daß «‹ungesunde› Leute»
Geld auch für schlechte Sicherheiten bekommen, die «‹gesunden›
Leute» ihre guten Sicherheiten zurückhalten (Bagehot 1873, S. 198).
Eine Liquiditätskrise kann also nicht nur dadurch eintreten, daß die
Zentralbank ihre *lender of last resort*-Funktion nicht wahrnimmt,
sondern auch dadurch, daß die gesunden Geschäftsbanken ihr diese
Funktion verweigern.

Bagehots Regel über die Bedeutung guter Sicherheiten, die zu seiner Zeit als private Handelswechsel am sogenannten Diskontfenster
der Zentralbank präsentiert werden mußten, wird heutzutage als
zweitrangig angesehen, weil das Zentralbankgeld ganz überwiegend
gegen Staatstitel geschaffen wird. Da erstere als sogenannte
borrowed base für die Schaffung von Zentralbankgeld aus dem *Inneren* der Wirtschaft kommend verstanden werden, werden letztere als
sogenannte *non-borrowed base* «als *außerhalb* der Wirtschaft geschaffene Titel gesehen» (Axilrod/Wallich 1992, Sp. 77a; unsere
Hervorhebung). Entsprechend wird allgemein geglaubt, daß Bagehots «offenes Diskontfenster» durch ein «offenes Offenmarktfenster» ersetzt worden sei und daher die mangelnde Bereitschaft der
Vermögenseigentümer, gute private Sicherheiten anzubieten, jederzeit durch die Emission von Staatstiteln ausgeglichen werden könne.

In der Tat kann ein staatliches Wertpapier der sicherste und liqui-
deste Titel sein. Das liegt aber nicht daran, daß er von Eigentumstiteln aus dem Innern der Ökonomie abgetrennt ist. Ganz im
Gegenteil sind Schuldtitel, die eine Regierung herausgibt, selbstredend auch Eigentumstitel. Obwohl Staatstitel nicht mit spezifi-
ziertem Eigentum besichert sind, können ihre Zins- und Tilgungs-

notenreserve denn auch wegfällt, vgl. A.M. Andréadès 1904, S. 296 sowie Sta-
dermann/Steiger 2001, S. 85.

zusagen mit Hilfe der Steuereinzugsgewalt aus dem Einkommen der Bürger bedient werden. Solche Staatstitel sind also mit dem Eigentum aller Bürger unterfüttert. Solange eine Regierung diese Titel lediglich in einem Volumen schafft, dessen Zinsbedienung das Steueraufkommen nur marginal tangiert, sind sie gerade deshalb erstklassig, weil sie dann sicherer bedient werden können als selbst solche sehr starker privater Unternehmen, für deren Leistung ja weniger Potential einsteht als die Gesamtsumme aller Eigentumspositionen in einem Staatsgebiet. Man könnte also sagen, daß die wichtigste Eigentumspotenz des Staates in seiner Steuerhoheit besteht, die gerade dadurch definiert ist, daß er in das Eigentum der Bürger eingreifen darf.

Wenn diese Potenz bei den Vermögenseigentümern in Zweifel steht, werden sie die Staatstitel nicht länger oder nur mit höherer Verzinsung kaufen und dadurch ganz schnell offenkundig machen, wie eng die Güte dieser Titel mit dem «Inneren» der Wirtschaft verbunden ist. Auf diese Weise können sich Staatstitel genauso in «schlechte» Sicherheiten verwandeln wie diejenigen der «ungesunden» Leute, vor denen Bagehot gewarnt hat. Solche Titel müßten von einer Zentralbank, die gutes Geld emittieren will, zurückgewiesen werden.

Die Halter der Zentralbanknoten müssen ebenso geschützt werden wie die «gesunden Leute», die Vermögenstitel halten, die im gleichen Rechengeld denominiert sind wie die Noten. Daher muß die Zentralbank ein stabiles Preisniveau nicht weniger garantieren als einen stabilen Wechselkurs.

Sie kann den Kurs ihrer Währung gegen Fremdwährungen nicht nur dadurch verteidigen, daß sie hohe Zinsen für ihre Noten verlangt, sondern auch dadurch, daß sie für ihre Emission gute – risikoarme – Titel fordert, so daß sie jederzeit ihre Noten ohne Verlust aus dem Umlauf ziehen kann. Gelingt das nicht, so kann die Zentralbank mit den von ihr hereingenommenen Titeln die von ihr ausgegebenen Banknoten nicht ausreichend zurückholen. Dieses behindert ihre Möglichkeiten zur Inflationsbekämpfung, schwächt ihre

Währung gegenüber besser gesicherten Währungen und fügt dem Halter ihrer Noten Verluste zu. Im Extremfall kann dies zur Kapitalflucht und zur Inkonvertibilität der Währung führen.

Da Geld nur in und *uno actu* mit einem Kreditkontrakt geschaffen werden kann, also nicht aus irgendeiner anderen Ecke kommt, gibt es keines Basis für die weit verbreitete und auch von Keynes geteilte Idee des *Hortens* von Geld. Das populäre Bild einer *Geldtruhe*, deren Inhalt aufbewahrt wird, um ihn bei guter Gelegenheit gegen Zins verleihen zu können, lebt mithin vom Nichtverstehen des Geldes und des Zinses. Gehortet wird Geld allenfalls dann, wenn der Warenpreis des Materials, das zur Produktion von eigentlichem Geld verwandt wird, steigt. Banknoten aus Gold oder Silber können also für ihren Warenwert gehortet werden, wodurch es aus der Zirkulation verschwindet. Banknoten aus wertlosem Material widerfährt solches Schicksal gewöhnlich nicht. Die Ausnahme ist eine Deflationskrise, in der Banknoten in der Tat immer langsamer zirkulieren.

Zentralbanknoten verfallen nach Erfüllung des Kredits, in dem sie geschaffen worden sind, als Geld der Vernichtung. Weil die Zentralbank in diesem Fall die Titel ihrer Schuldner herauszugeben hat, muß die die ihr zufließenden Noten ausbuchen. Für die neuerliche Schaffung – und das heißt immer zugleich Neukreditierung – von Banknoten kann die Zentralbank die zurückgeflossenen Noten selbstverständlich wieder benutzen. Sie sind aber bis zu ihrer Wiederbenutzung *nicht* Geld. Sie können durchaus in einem Tresor liegen, sind dort aber lediglich Formulare. Werden diese allerdings gestohlen, also unter Umgehung eines Vertrags, in dem sich ein Schuldner zu Tilgung, Verzinsung und Verpfändung verpflichtet hat, in die Zirkulation gebracht, sind sie von korrekt emittiertem Geld nicht zu unterscheiden. Wenn die Zentralbank die ihr refundierten Dokumente nicht noch einmal benutzt, sondern zerstört, verliert sie kein Geld, sondern nur den Materialwert ihrer Formulare. Die emittierende Zentralbank holt das unzerstörte Material also nicht aus einer Kiste, in der ein Vorrat fertigen Geldes liegt, sondern bringt das alte Material durch neuerliche Belastung ihres Eigentums und neuerliche Verpfändung von Eigentum der Geschäftsbanken als Banknoten in die Zirkulation.[27] Als Geld sind sie genauso *neu* wie solches auf neu gedruckten Formularen für ihre Noten.

[27] Wenn Notenbanken Münzen herausgeben, dann verwenden sie fast immer die ihnen zugeflossenen Stücke für die neuerliche Emission. Das war bei den privaten Notenbanken und den frühen Zentralbanken der Fall und ist beispielsweise bei der schwedischen *Riksbank* auch heute noch so. Die Bundesbank hingegen und die meisten anderen Zentralbanken schaffen kein Münzgeld, sondern kaufen die Münzen vom Staat, der dafür Banknoten erhält. Die Münzen werden dann zu ihrem Nominalwert auf der Aktivseite der Zentralbankbilanz verbucht.

4 Der Markt als Institution der Eigentumsökonomie

Wie haben ausgeführt, daß Zins und Geld ohne eine Eigentumsverfassung und der ihr zugehörigen Eigentumsprämie weder zu verstehen noch zu haben sind. Sie liefern dem Wirtschaften die Grundlage und konstituieren es als gesellschaftliches Geflecht von gegenseitigen *monetären Verpflichtungen*, denen nicht nur die Schuldner, sondern auch die Gläubiger nachzukommen haben. Zwar sind es Gläubiger, von denen die Schuldkontrakte konstituiert werden, in deren Rechengeldeinheiten dann alle Akteure – Gläubiger und Schuldner – ökonomisch operieren müssen. Aber bei den Gläubigern bleibt die Verantwortung dafür, daß ohne Unterbrechung Geld geschaffen und vernichtet wird, indem permanent Eigentum belastet und wieder entlastet wird, wobei Zinspflichten begründet und abgelöst werden. Dieser alles überragenden Verpflichtung können die Gläubiger nur dadurch nachkommen, daß Schuldner nicht nur gegen Zins, sondern vor allem gegen gute Sicherheiten Geld im Kredit erhalten und daß die Gläubiger selbst für das so geschaffene Geld mit ebenso gutem Eigentum einstehen. Die Operationen der Eigentumswirtschaft werden also nicht durch eine «unsichtbare Hand» (Klassik) oder durch einen Auktionator (Neoklassik) gelenkt, sondern resultieren aus vollstreckbaren Kontrakten, die für alle Akteure gleichermaßen über dasselbe gute Geld laufen. Vom Bankier über den Lohnarbeiter bis zum Sozialhilfeempfänger können alle mit einem Geld rechnen, das zwischen ihnen keinen Unterschied macht.

Wie erzeugen die Gläubiger-Schuldner-Kontrakte nun die typischen Elemente der Eigentumswirtschaft, die es eben nur in ihr gibt: Vermögensmarkt, Profit und Kapital, Güterproduktion und Warenmarkt, Akkumulation, freie Lohnarbeit und technischer Fortschritt sowie Konjunktur und Krise?

4a. Der Unternehmer als Wirtschafter eigenen Rechts und die Konstitution des Marktes

Eigentümer, die sich als wirtschaftende Akteure in dem Sinne begegnen, daß sie über Geld laufende nominale Verträge eingehen, diese zinsleistend erfüllen und dafür mit Vermögen haften, schaffen mit eben diesen Kontrakten die Märkte. Alle anderen Begegnungen einschließlich solcher, bei denen tatsächlich Güter getauscht werden, haben mit Märkten nichts zu tun und bringen diese auch nicht hervor. Deshalb versagt die Vorstellung der Klassik, die den Markt als Ort zur Realisierung der physischen Reproduktion mit Überschuß (Profit) einschätzt. Die neoklassische Idee vom Markt als Ort zur Realisierung optimaler Ressourcenallokation geht ebenso fehl. Der beiden Schulen gemeinsame Glaube an die ewig-universale Neigung zum Tausch von Ressourcen als Ursache des Wirtschaftens ist ebenso abwegig wie die Vorstellung, daß es eine Abneigung zum Tausch (oder sein Verbot) schaffen könne, das Wirtschaften zu unterbinden. Auch der Monetärkeynesianismus, der das Wirtschaften auf knappgehaltenes Geld zurückführt, kann das Wesen von Märkten nicht erfassen, weil er die Voraussetzung für knappgehaltenes Geld – die Haftung mit Eigentum – nicht zu diskutieren vermag.[28] Er kann nicht begreifen, daß auf *allen* Ebenen des Wirtschaf-

---

[28] Typisch dafür ist das Lehrbuch von Michael Heine und Hansjörg Herr (1999, Kap. 4, «Keynesianische Makroökonomie», insbesondere S. 315-379), das von einer Welt «kapitalloser» Unternehmer, Banken und Zentralbanken ausgeht, weil Unternehmen – zum Eigenkapital von Banken und Zentralbanken wird gleich ganz geschwiegen – ja über die Ausgabe von Aktien Eigenkapital direkt bei den «Haushalten» einwerben könnten. Dort gebe es dann den Akteur, der «sein Geld» (S. 376) als Teil seines Reinvermögens dem Unternehmer zur Verfügung stelle. Wo das herkommt, was da beiläufig als «sein Geld» bezeichnet wird, was es überhaupt ist und wie es geschaffen wird, bleibt

tens die Wirtschafter als Eigentümer am Werke sind und nicht etwa bloß an der Spitze einer Hierarchie der Märkte solche Leute stehen, die von dort die Akteure auf den übrigen Märkten dominieren und dann auch noch irreführend als «Vermögensbesitzer» (Riese) angesprochen werden. In diesem Hierarchiegedanken lebt die Klassik wieder auf, die ganz oben nicht die Herren des Geldes, sondern die Herren der Produktionsmittel ansiedelte, die von ihr allerdings als «Privateigentümer» und damit nicht ganz so unreichend bezeichnet worden sind.

Beginnen wir mit dem Eigentümer als Warenproduzenten oder Unternehmer, der als Schuldner unumgänglich im Zentrum der Eigentumswirtschaft steht. Er ist weder neoklassischer Vikar eines Ressourcen besitzenden Haushaltes, der dessen Ressourcen durch Produktion in Güter transformiert und diese dann vermarktet, noch ist er monetärkeynesianischer Vikar eines «Vermögensbesitzers», der dessen Vermögen vermehrt. Es ist nicht Vikar für irgendjemand, sondern ein *verschuldungsfähiger* und *verschuldungsbereiter* Eigentümer, der das Wirtschaften durch die Aufgabe von Eigentumsprämie in die Welt setzt und die Wirtschaft durch den permanenten Wechsel zwischen Aufgabe und Wiedergewinnung von Eigentumsprämie in Gang hält.

Verschuldungsfähigkeit und Verschuldungsbereitschaft bedeuten die Kapazität, Eigentumsprämie zu haben und die Bereitschaft, Eigentum durch Aufgabe von Eigentumsprämie zu bewirtschaften. Nur durch diese Aktivierung bzw. Belastung seines Eigentums ist es dem Eigentümer Unternehmer möglich, Geld im Kredit zu erlangen

dann aber unerklärt, so daß diese monetärkeynesianischen Makroökonomen auf einer Insel der Seligen leben. Dazu paßt auch, daß sie ganz sicher – und direkt gegen uns gerichtet – nur eines wissen, nämlich, daß «eine wie auch immer geartete Bindung der Geldschöpfung an Eigentum ... dysfunktional wäre» (S. 377). Und in der Tat gibt es auf diesen urtümlichen Robinson-Inseln ja kein Eigentum, allerdings auch kein Geld. Die Analyse der Autoren ist umso merkwürdiger, als sie bei der *Beschreibung* geldpolitischer Instrumente durchaus sehen, daß «die Banken für die Dauer des Kredits Wertpapiere als Pfand bei der Zentralbank hinterlegen müssen» (S. 337).

– ein Geld also, für dessen Schaffung er ein unverzichtbarer Partner ist.

Wirtschaften kann also nur jemand, der auch als Schuldner ein Nettogläubiger bleibt. Er muß über einen Überschuß seines Vermögens (*assets*) über seine Verbindlichkeiten (*liabilities*) verfügen. In diesem Überschuß manifestiert sich das Eigenkapital (*equity*). Eine Vermögensbilanz ist also kein bloßes Dual von *assets* und *liabilities*, sondern besteht aus der Trinität von *assets, liabilities* und *equity*. Die Essenz des Eigenkapitals kann daher nicht darin gesehen werden, daß es in Analogie zu Fremdkapital eine Verbindlichkeit – allerdings nicht gegen andere, sondern gegen sich selbst – darstellt und deswegen auf der Passivseite der Bilanz anzusiedeln sei, also in der Analyse als eine gesonderte Größe vernachlässigt werden dürfte. Ganz im Gegenteil! Das Eigenkapital als Überschuß der Aktiva über die Passiva ist als unbelastetes Eigentum für die Fähigkeit zur Verschuldung essentiell. In der Vermögensbilanz des Eigentümers wird es nur deshalb auf der «Passiv»-Seite verbucht, damit die Bilanz auf beiden Seiten die gleiche Summe ausweist. Es wird dadurch aber nicht zur Verbindlichkeit, sondern bleibt ein Eigentum, gegen die kein anderer eine Forderung hat. Umgekehrt wird ja auch bei einem negativen Saldo das dann negative Eigenkapital nicht deshalb zu einem Vermögen, weil es in diesem Fall zum Ausgleich der Bilanz auf der «Aktiv»-Seite verbucht werden müßte.[29]

Mit dem aus Eigentumsbewirtschaftung resultierenden Geldvorschuß erwirbt der Unternehmer Produktionsfaktoren, transformiert sie dabei in Produktivvermögen und bewirkt erst dadurch die Transformation von Ressourcen in Güter, also die Produktion und somit Beschäftigung und Einkommen. Dieses Erwerben oder *Kaufen ist* bereits *Markt*, in diesem Fall ein *Faktormarkt*. Ebenso wie Geld ist

---

[29] Entsprechend gilt für die Gewinn- und Verlustrechnung, daß der auf der Aufwendungsseite verbuchte Gewinn als Überschuß der Erträge über die Aufwendungen keine Aufwendung darstellt und der auf der Ertragsseite verbuchte Verlust als negativer Saldo von Erträgen und Aufwendungen keinen Ertrag.

Markt nicht einfach da und wartet darauf, daß jemand auf ihm aktiv wird, sondern er konstituiert sich allein durch Käufe und bleibt aus bei Nichtkäufen.

Für seine Verschuldungsfähigkeit muß der Unternehmer Eigentum überhaupt erst einmal haben oder jemanden finden, der als Eigentümer für ihn bürgt. Seine Verschuldungsbereitschaft jedoch wird nicht nur durch ihn und auch nicht allein von Profiterwartungen bestimmt. Er wird diese Bereitschaft nur stetig aktivieren, wenn er sich darauf verlassen kann, daß über den Kreditvertrag an ihn gelangendes Geld von anderen Eigentümern akzeptiert wird, also nach bankgemäßen Regeln geschaffen worden ist. Ist das nicht der Fall, kann er mit seinem Geld keinen Markt konstituieren, also andere Eigentümer nicht dazu bringen, ihm für stofflich wertlose Scheine Güter zu verkaufen oder von ihm zu kaufen. Er steht dann mit schlecht besichertem Geld da und kann doch die notwendigen Folgeoperationen – Investieren, Produzieren, Verkaufen und Tilgen – nicht ausführen, zu denen er als Schuldner aber weiterhin verpflichtet bleibt. Weil das so ist, führt die Zerstörung des Geldes zur Zerstörung der Wirtschaft, also zum Zerreißen des Geflecht aus gegenseitigen Verpflichtungen.

Ein Unternehmer als Wirtschafter ist also ein Akteur, der einen Kreditkontrakt zu erfüllen hat. Dieser ist in – von der zentralen Notenbank als Standard gesetztem – Rechengeld denominiert, und in ihm hat er Zins und Tilgung zugesagt sowie Eigentum mindestens im Wert der Kreditsumme verpfändet. Wirbt ein Unternehmer Geld über die Ausgabe von Aktien oder Anleihen ein, dann ist auch dieses Geld nicht einfach da, sondern zuvor in einen solchen Kreditkontrakt geschaffen worden und wiederum über vom Unternehmer konstituierte *Vermögensmärkte* an andere Akteure der Eigentumswirtschaft gelangt. Ob wir eine Notenbank mit Ausleihungen nur an Teilhaber oder eine solche auch mit Ausleihungen an Fremde oder eine mit dem Monopol auf Notenausgabe versehene Zentralbank anschauen – immer sind die Bedingungen für diesen Kontrakt dieselben. In allen Fällen müssen Schuldner belasten und Gläubiger besichern.

Das so gewonnene Geld verschafft dem Unternehmer erst die dem Geld inhärente Liquiditätsprämie, deren temporäre Aufgabe Keynes und der Monetärkeynesianismus an den Anfang des Wirtschaftens stellen will. In Wirklichkeit ist es so, daß bei Einsatz der Eigentumsprämie Geld geschaffen wird, während der Einsatz der Liquiditätsprämie durch die temporäre *Aufgabe* oder das *Ausgeben* von bereits geschaffenem Geld erfolgt. Ausgeben von Geld bedeutet immer die endgültige Erfüllung, also die Auflösung von in Rechengeld denominierten Schuldkontrakten, und zwar sowohl von Kreditkontrakten als auch von Kaufkontrakten.

Aus der Sicht des Schuldners ist die im Kredit gewonnene Liquiditätsprämie nichts anderes als die Kompensation seiner verlorenen Eigentumsprämie[30]. Einmal mit dem Geld in der Welt, überträgt sich die Liquiditätsprämie auch auf alle Vermögensformen – Nominal- und Sachvermögen –, die nicht Geld sind und deshalb Kontrakte nicht endgültig auflösen oder die – wie insbesondere bei der Verrechnung über Sichtguthaben – an Zahlungs Statt eingesetzt werden können. Der Grad der Leichtigkeit der Transformierbarkeit aller Vermögensformen in Geld bestimmt die Höhe ihrer Liquiditätsprämie oder ihren Liquiditätsgrad.

Da Produktionsmittel von einem Unternehmer immer mit einem zu verzinsenden Vorschuß an Geld erworben werden, sind die Produktionsmittel nicht selbst *Kapital*, sondern werden überhaupt nur durch den Geldvorschuß zu Kapitalgütern oder Realkapital oder – besser – Produktivvermögen. Das eigentliche Kapital ist deshalb

---

[30] Spahn (2001, S. 58 f., 61) hat jüngst noch einmal versucht, die Liquiditätsprämientheorie des Zinses zu retten, indem er Steuarts oben zitierte Einsicht, daß ein Schuldner bereit ist, wegen der Zirkulationsfähigkeit der kreditär zur Verfügung gestellten Banknoten Zins zu zahlen, dahingehend interpretiert, die Zirkulationsfähigkeit sei mit der Liquiditätsprämie identisch. Diese Gleichsetzung ist durchaus korrekt, verkennt aber, daß die Liquiditätsprämie erst durch Belastung des Eigentums der Notenbank, also ihres Eigenkapitals, die ein Verlust an Eigentumsprämie bedeutet, in die Welt kommt.

immer ein Geldvorschuß. Es müssen mithin keine vorab existierenden Güter zur Verfügung stehen, auf deren Konsum jemand verzichten würde, die also zu sparen wären, damit es zur Bildung von Realkapital kommt. Dem Geld dieses Vorschusses entsprechen gerade keine physischen Güter. Ihm liegt vielmehr immaterielles Eigentum zu Grunde, das von dem Gläubiger, der dem Unternehmer-Schuldner das Kapital bereitstellt, belastet, letzterem aber niemals verliehen wird. Kapital ist also nicht durch Güter oder Ressourcen begrenzt, sondern nur durch die Bereitschaft, Eigentum zu belasten, das heißt Eigentumsprämie aufzugeben.

Das im Kreditkontrakt an den Unternehmer gelangte Geld erzwingt – bei Risiko des Eigentumsverlustes – einen Mechanismus über den die produzierten Güter zu *Waren*, also gegen Geld *verkauft* werden. Der *Warenmarkt* konstituiert sich für die Wiedererlangung des Geldvorschusses sowie für die Gewinnung der Zinsschuld, also einen Überschuß über den Geldvorschuß, das heißt *Profit*. Der Unternehmer muß sich deswegen für das Erlangen des Mediums Geld einsetzen, weil allein dessen Liquiditätsprämie ihm die Fähigkeit verschafft, seine Schuldverpflichtungen aufzulösen. Erst dann ist sein verpfändetes Eigentum wieder frei und er von neuem mit Eigentumsprämie ausgestattet.

Der Warenmarkt ist also kein Tauschplatz für Güter, die nach den – durch Nutzenschätzungen bestimmten – Präferenzen von Konsumenten (Neoklassik) oder nach den Kosten von Produzenten (Klassik) ihren Besitzer zu deren Vorteil wechseln. Der Warenmarkt ist auch nicht monetärkeynesianisch als Gütertauschplatz schon im Gange, um dann vom Geldzins als Preis für Vermögen auf einem hierarchisch höher stehenden Vermögensmarkt dominiert zu werden. Der Warenmarkt ist vielmehr eine *uno actu* mit dem geldschaffenden Schuldkontrakt notwendig werdende Instanz zur Einwerbung von Kaufverträgen über Waren, das heißt zur Gewinnung von Schuldendeckungsmitteln. Im *Kaufkontrakt* wird der Unternehmer, der im Kreditkontrakt Schuldner einer Geldforderung – seinem Fremdkapital – ist, als Eigentümer einer Ware zum Gläubiger einer

Geldforderung. Diesem Verkäufer steht – analog zum Kreditkontrakt – der Käufer als Schuldner einer Geldforderung gegenüber. Er verpflichtet sich, die für den Verkauf geforderte Geldsumme zu leisten. In der Frist bis zur Erfüllung dieser Forderung ist der Käufer-Schuldner wegen des Eigentumsvorbehalts des Verkäufer-Gläubigers lediglich Besitzer der Ware und muß als solcher Zinsen zahlen. Bei sofortiger Erfüllung des Kaufvertrages hingegen erwirbt er umgehend das Eigentum und damit das uneingeschränkte Recht an der Ware.

4b Monetäre Preissetzung versus Anpassung an relative Preise

Sobald der Unternehmer-Schuldner mit dem Geldvorschuß Produktionsfaktoren kauft und dafür über Rechengeld laufende – nominale – Kontrakte eingeht, existieren diese für ihn unausweichlich und immer als monetäre Größe. Das bedeutet, daß die Menge der Produktionsfaktoren mit *Preisen* – sogenannten Faktorpreisen oder *Kosten* – zu bewerten ist, die in demselben Rechengeld denominiert werden müssen wie der kontrahierte Geldvorschuß, also in absoluten *Geld*preisen.

Das gleiche gilt für die Preise der mit den Produktionsfaktoren geschaffenen Produkte, den sogenannten Güterpreisen. Die Produkte müssen mit einem Preis bewertet werden, der zumindest der geschuldeten Summe aus Kapital und Zins sowie der Summe aus Faktormenge multipliziert mit ihren Kosten entsprechen muß. Es ist diese besondere *monetäre Produktion*, die ein *Ware* von einem bloßen Gut unterscheidet. Sie sorgt dafür, daß der Unternehmer nicht an einer Güterproduktion *per se*, an bloßen Mengen also, interessiert sein kann, sondern an mit Geldpreisen gemessenen Produkt*werten*, erzielbaren Geldsummen mithin.

Die Preise haben also nichts mit den relativen Preisen der am Gütertausch orientierten Werttheorien zu tun. Sie ergeben sich mithin nicht aus wie auch immer bestimmten Gütertauschrelationen. Sie bestimmen sich nicht aus den Relationen der in den Gütern über den Reproduktionslohn *vorgegebenen* Arbeitsmengen *à la* Klassik. Sie resultieren genau so wenig aus den – gleichermaßen *vorgegebenen* – Gütermengenrelationen *à la* Neoklassik, an die sich die Grenznutzenrelationen der Haushalte anpassen. Die Preislehre dieser beiden Schulen ist nicht nur eine Theorie der relativen Preise, sondern zugleich eine, in der diese relativen Preise nicht erklärt, sondern schlicht vorausgesetzt werden. Demgegenüber zeigt die Eigentumstheorie, daß es die in den monetären Kontrakten auf den Faktor- und Warenmärkten *gesetzten* Geldpreise sind, die von den Wirtschaftern für die Verteidigung ihres Eigentums – für das «Verbleiben im Geschäft» – akzeptiert werden müssen und mit denen allein sie deshalb kalkulieren.

Wie nun werden die Preise gesetzt? Unbeeinflussbar für den Unternehmer ist die Eigentumsprämie und damit der Zins auf den ihm gewährten Geldvorschuß sowie die zu tilgende Summe dieses Vorschusses. Der Zins ist – nicht anders als der Geldvorschuß, auf den er sich bezieht – eine monetäre und damit ein nominale Größe, also ein *absoluter* Preis. Der Zins ist aber – wie an der $i=r/R$-Formel gezeigt – nicht nur ein Kostenpreis, sondern der Preis, der den Wert von Nominal- und Sachvermögen bestimmt. Diese für die am Gütertausch orientierte Neoklassik höchst unangenehme Tatsache versetzt ihrer Theorie vom Zins als intertemporalem relativen Preis – Verhältnis von Verzicht auf eine Menge an Gegenwartskonsum zugunsten einer größeren Menge an Zukunftskonsum – den härtesten Schlag.

Einfluß nehmen kann der Unternehmer hingegen auf dem Faktormarkt – und zwar auf die Kostenkomponenten Arbeitslohn und Vorprodukte, die durch alternativ einsetzbare Möglichkeiten der Produktionstechnik variiert werden können. Es ist vor allem jedoch die Preissetzung auf dem Warenmarkt, bei der dem Unternehmer nichts vorgegeben ist, weil er die Möglichkeit hat, durch neue Produkte, innovative Technologien und Angebote für bisher nicht kommerzialisierte Bedürfnisse voranzugehen. Diese Preissetzung unterscheidet sich daher von der monopolistischen Preissetzung der Neoklassik. In ihr orientiert sich der Unternehmer bei seiner Preissetzung an Preisen, die durch die *gegebenen* Präferenzen der Konsumenten bereits vorgegeben sind. Die sich darin widerspiegelnden relativen Preise sind dem Unternehmer bei seiner Preissetzung jedoch unbekannt und auch nicht weiter von Interesse. Lediglich in einer *ex post*-Betrachtung kann man dann – durchaus interessante – Preisrelationen feststellen. Relative Preise aber sind niemals der *Grund* der Preisbildung und haben somit in einer Preistheorie nichts zu suchen (vgl. näher Stadermann/Steiger 2001, S. 367-376).

4c Akkumulation, Konjunktur und Krise

Die Zinsforderung bedeutet, daß der Wert – Menge mal Geldpreis – der Produktion des Unternehmer-Schuldners größer werden muß als der als Kapital erhaltene Geldvorschuß. Die aus der Eigentumsprämie resultierende Zinsforderung *erzwingt* mithin erst einen auf den Wert der Produktion bezogenen Wertüberschuß, die *Profit*rate, die wie der Zins eine monetäre Größe ist. Dieses bedeutet selbstverständlich nicht, «daß die Profitrate über knappgehaltene Produktionsprozesse zu einer Form des Zinssatzes wird», bei der letzterer «der Preis für den temporären Verzicht über Geld» sei (Riese 2000, § 3, Sp. 546 a).

Es ist der durch die Aufgabe von Eigentumsprämie zinserzwungene Profit der die für die Eigentumswirtschaft typische *Akkumulation* ermöglicht. Die Eigentumsgesellschaft gewinnt ihre Dynamik weder durch eine sogenannte *ursprüngliche* Akkumulation (Klassik) noch durch ein *vorheriges* Sparen von Konsumgütern und damit Ansammeln von Kapitalgütern (Neoklassik). Es ist also nicht eine von irgendwoher kommende Sparsamkeit, durch welche die Mittel für Investitionen aufgebracht wird. Es ist vielmehr die zinsbelastete Schuld, die die für Eigentumsgesellschaften in der Tat typische Sparsamkeit erzwingt. Die Dynamik resultiert auch nicht daher, daß

vorab Geld vorhanden ist – sei es als von der Zentralbank exogen geschaffene Größe (Keynes), sei es als von der Zentralbank geschaffenes «Geldvermögen» (Riese). Akkumulation bezieht sich immer auf
in Geld gemessene Vermögensbestände. Was für sie vorhanden sein
muß, ist die Fähigkeit und die Bereitschaft, Eigentum zu belasten,
das heißt Eigentumsprämie (p) aufzugeben. Das geschieht dann,
wenn die (erwartete) Profitrate (r) größer ist als der Zins (i), wobei
i immer gleich p ist und auch gleich der Liquiditätsprämie (l). Es gilt
mithin im Gleichgewicht nicht wie im Monetärkeynesianismus die
Bedingung:

$$l = i = r,$$

sondern:

$$p = i = l = r.$$

Rein äußerlich scheinen sich beide Gleichgewichtsbedingungen nur
dadurch zu unterscheiden, daß der Monetärkeynesianismus keine
Eigentumsprämie kennt. Für ihn ist mithin die Aufgabe von Geld,
also l, der ökonomisch entscheidende Schritt, der dann zu i führt,
das wiederum r erzwingt. Für uns hingegen ist die Belastung von
Eigentum, also die Aufgabe von p, überhaupt erst der Schritt, der i
und Geld ermöglicht, das dann einem Schuldner l verschafft, deren
Aufgabe als Kaufen mit Geld zur Aneignung von Ressourcen führt,
die ihn zu einer monetären Produktion mit r befähigt. Daß l auch
dazu befähigt, im Weiterverleihen ein höheres i zu erzielen, ist dabei
unbestritten. Dann würde gelten, daß statt einem i die Zinssätze der
Zentralbank (i_{zb}) und der Geschäftsbanken (i_b) zu unterscheiden
sind und überdies statt einem l die Liquiditätsprämien der Geschäftsbanken (l_b) und die der Unternehmer-Schuldner (l_u). Im
Gleichgewicht würde sich aber nichts ändern, da hier die unterschiedlichen Zinssätze und Liquiditätsprämien übereinstimmen
müssen:

$$p = i_{zb} = l_b = i_b = l_u = r.$$

Schon an dieser simplen Formel wird deutlich, daß Liquiditätsprämie niemals derjenige hat, der Geld schafft, sondern nur der, der Geld leiht oder sonstwie erwirbt.

Ein besonderes Kennzeichen der neuzeitlichen – im Unterschied zur antiken – Eigentumswirtschaft liegt in der Existenz des *freien Lohnarbeiters*. Zum Eigentum gehört nun also auch der Freiheitstitel an der eigenen Person. Er wird durch die Rechte der Vertragsmündigkeit geregelt. Anders als der antike Sklave, der von seinem Eigentümer verpfändet und verkauft werden kann, tritt der Lohnarbeiter mit dem nicht verlierbaren, dadurch allerdings auch nicht verpfändbaren und somit nicht vollstreckungsfähigen Eigentum an sich selbst in einen Gläubiger-Schuldner-Kontrakt in Form des Lohnkontraktes. Wie alle Kontrakte in der Eigentumsgesellschaft muß auch dieser in Rechengeld denominiert sein. Im Lohnkontrakt überträgt der Lohnarbeiter als Gläubiger an den Unternehmer als seinen Schuldner auf Zeit Nutzungsrechte aus der Besitzseite seines Eigentums, das heißt seiner Arbeitskraft oder Arbeitsleistung. Der Unternehmer als Schuldner im Lohnkontrakt muß im Gegenzug eine Forderung des Lohnarbeiters auf Geld – den *Geldlohn* als einen in Arbeitseinheiten (Zeit oder Stücke) gemessenen Geldlohnsatz – erfüllen.

Das als Lohn zu zahlende Geld ist nicht vorab *vorhanden*. Der Unternehmer muß es sich mithin *vorab* als Geldvorschuß in einem Kreditkontrakt *beschaffen*, in dem er wiederum Schuldner ist. Tilgung und Zins sind aus diesem Kontrakt mit der über den Lohnkontrakt genutzten Arbeitskraft zu erwirtschaften. Der Lohnarbeiter ist mithin der einzige Akteur der Eigentumswirtschaft, der ohne Zins und gute Sicherheiten an Geld herankommt. Er kann das Lohn-Geld aber nur deshalb zinsfrei und ohne Sicherheiten erhalten, weil der Unternehmer in Verpfändung und Zinspflichten gegangen ist. Im Gegenzug läßt der Lohnarbeiter den Unternehmer mit seiner übertragenen Arbeitskraft produzieren. Nur so wird letzterer befähigt, Waren in einem so hohen Wert zu produzieren, daß seine Realisierung auf dem Warenmarkt ihm Tilgung *plus* Zins, also Profit ermöglicht. Karl Marx' berühmter «Mehrwert» entspringt also nicht einer Herrschaftsbeziehung innerhalb des Produktionsprozesses – Produktionsmitteleigentümer *versus* eigentumsloser Lohnarbeiter. Der Mehrwert ist vielmehr die Kompensation für die Leistung, jemandem Geld, also Lohn, zu besorgen, der dafür weder Zins zahlt noch Sicherheiten stellt. Ökonomisch – wenn auch nicht sozial – ist es dabei gleichgültig, ob jemand Lohnkontrakte sucht, der kein verpfändbares Eigentum hat oder sein verpfändbares Eigentum nicht aktivieren will.

Da der Unternehmer die im Lohnkontrakt vereinbarte Geldschuld unabhängig davon zahlen muß, daß ein Dritter seine Waren in einem Kaufvertrag für Geld erwirbt, ist er permanent gezwungen, seine Aussichten auf das Einwerben von Kaufkontrakten auf dem Markt zu verbessern. Das gelingt nicht zuletzt durch Unterbietung der Geldforderungen, die andere – mit ihm in *Konkurrenz* stehende – Anbieter von Waren an potentielle Käufer stellen. Diese Verringerung der Geldforderung nötigt zu einer geringeren Verschuldung für Lohngeld. Dafür muß er die ausschließlich für Geldlöhne gewinnbare Arbeitskraft durch *technischen Fortschritt* ersetzen. Diese permanente Innovation ist denn auch neben dem freien Lohnarbeiter das zweite besondere Merkmal der neuzeitlichen Eigentumswirtschaft. Warum wird nun vorwiegend durch die Substitution von Arbeitskraft und erst in zweiter Linie von Kapitalgütern technischer Fortschritt betrieben? Das liegt daran, daß für Löhne verausgabtes Geld unwiderruflich verloren ist, während Geld, das für Kapitalgüter bezahlt worden ist, in bestimmtem Umfang wiedergewonnen werden kann, weil letztere – anders als die Lohnarbeiter – Eigentum des Unternehmers geworden sind.

Kreditkontrakte für eine zeitweilige Übertragung von Anrechten auf Eigentum – Geld also – kommen nur zustande, wenn Eigentum als Sicherheit verpfändet wird. Diese Sicherheiten werden, wie die ihnen entsprechenden Forderungen, in *fixen* nominalen Geldpreisen ausgedrückt. Die Sicherheiten – Sachvermögen oder Nominalvermögen – sind Bewertungs*schwankungen* auf dem Vermögensmarkt ausgesetzt. Nominalvermögenswerte sind darüber hinaus durch Verschlechterungen des Geldwertes, also Inflation, gefährdet. Diese Gefahr für den Gläubiger, deswegen den vollen Wert seiner Forderungen nicht refundiert zu bekommen, beantwortet er mit einer steigenden Zinsforderung. Steigen die Zinsen, werden aber nicht nur die Profiterwartungen der Schuldner, sondern auch die Werte ihrer verpfändeten Sicherheiten negativ tangiert und auch alle übrigen Vermögensbestände wertloser.

Was passiert nun, wenn das verpfändete Eigentum für die Kreditbesicherung nicht mehr ausreicht? Die Geschäftsbanken sind umgehend überexponiert, das heißt ihre Ausleihungen überschreiten den Wert des ihnen Verpfändeten. Um nicht selbst aus dem Verpflichtungsgeflecht herauszubrechen, müssen sie Nachschüsse von Schuldnern einfordern, die gerade eine Vermögensverschlechterung hinzunehmen hatten. Daraufhin geht die Bereitschaft zur Kreditvergabe sowie die Fähigkeit zur Verschuldung weiter zurück. Als unvermeidliche Folge kommt es zu einer Gefahr der Kontraktion von Output und Beschäftigung bzw. des Reißens der Gläubiger-Schuldner-Ketten – insbesondere wenn die Inflation Richtung Deflation dreht. Um jetzt viel wahrscheinlicher werdenden Vollstreckungen mit Folge des Eigentumsverlustes zuvorzukommen, werden neue Schuldnerpositionen gar nicht erst aufgebaut und bestehende schneller als geplant abgebaut, was zur Verringerung der Geldschaffung führt. Es kommt zur *Krise*, und die in einer solchen Situation steigende Eigentumsprämie findet hier ihre Begründung.

Die in der Krise ebenfalls steigende Liquiditätsprämie des Geldes reflektiert diese Zuspitzung lediglich. Der Anstieg der Eigentumsprämie geht dem der Liquiditätsprämie voraus. Wenn neues Geld nicht mehr geschaffen wird, steigt selbstredend auch die Prämie auf vorhandenes. Ein Zinsangebot für die Überlassung von Geld kann noch so hoch sein und dennoch die Prämie auf unbelastetes Eigentum nicht ausgleichen.

Die Zentralbank kann zur Bekämpfung einer Inflation über Erhöhung des Zinses die Eigentumsprämie steigern. Dagegen kann sie die für eine Überwindung der Krise notwendige Senkung der Eigentumsprämie nur begrenzt durch eine Senkung des Zinses beeinflussen. Das liegt daran, daß die Zentralbank – und auch keine andere Institution der Eigentumsgesellschaft – die in der Krise mangelnden guten Sicherheiten, die für die Schaffung von Geld unabdingbar sind, nicht produzieren kann. Potentielle Schuldner können also nicht ohne weiteres mit Haftungseigentum ausgestattet werden. Auch die Geschäftsbanken helfen hier nicht weiter. Sie können zwar zentralbankfähige Vermögenstitel schaffen, indem sie Schuldnereigentum in solche Titel transformieren. Sie können aber kein Eigentum an potentielle Schuldner übertragen, damit diese es verpfänden. Dazu bedürfte es einer Umverteilungspolitik, deren Radikalität den historischen Sternstunden bei der Schaffung von Eigentum nicht nachstünde.[31]

---

[31] Wer bei der Eigentumswirtschaft das A in der Weise akzeptiert, daß sie verschuldungsfähige Akteure braucht, der kann sich vor dem B nicht drücken, daß diese Fähigkeit gefährdet werden kann und dann nach Auswegen gesucht werden muß. Wer dann der Beseitigung des Eigentums widerstehen will, kann sich dann plötzlich in der Lage befinden, seinen neuen Zuschnitt zu befürworten. Wer eine so betriebene Erhaltung der Eigentumsgesellschaft als ihre Überwindung mißverstehen will – wie etwa unser Kritiker Gerald Braunberger (1996) –, der sollte über andere Wege der Geldschaffung nachsinnen. Denn um diese geht es ja. Wenn es auch der Staat nicht sein soll, der statt seiner Bürger, die Eigentum nicht belasten wollen oder belastungsfähiges gar nicht haben, in Verschuldung geht, dann bleibt nicht mehr viel. Eine solche Ausweglosigkeit ist seit 1990 in Japan zu beobachten. Dort ist der Refinanzierungszins für die Geschäftsbanken seit Mitte der neunziger Jahre auf Null oder – wie seit Sommer 2000 – nahezu auf Null (0,25 %) gesenkt worden. Flankierend hat der Staat ein milliardenschweres Konjunkturpaket nach dem anderen geschnürt und dafür eine Verschuldung von 130 % des Bruttoinlandsproduktes in Kauf genommen. Überdies sind die Unternehmen durchaus willig, sich für diesen niedrigen Zins zu verschulden. Aus zwei Gründen aber bleibt die erhoffte Konjunktur aus. (i) Den Unternehmen mangeln gute Sicherheiten für die Verpfändung bei den Banken. So konnte die Bank von Japan am 9. Mai 2001 von einer zusätzlichen Liquiditätsspritze von 600 Milliarden Yen (ca. 10,8 Milliarden DM) bei den Geschäftsbanken nur 243 Milliarden Yen unterbringen, weil letztere «nicht genug gesunde Unternehmen finden können, die für die zusätzlichen Kredite Verwendung finden» (Tett

Wieso kommt es nun überhaupt zu *boom* und *bust*, warum wird einmal «zu hoch» und im anderen Zustand «zu niedrig» verschuldet? In beiden Fällen geht es um die Verteidigung der Eigentumsposition. Der Wert des Eigentums ist nicht fix, sondern Schwankungen unterworfen, in denen sich auf den Vermögensmärkten die Zinsenbedienungsfähigkeit aus der Besitzseite des Eigentums abbildet. Es kann nie vor der allgemeinen Umsetzung einer Innovation erkannt werden, wer sie für seine Marktfähigkeit am besten umsetzen wird. Sicher ist nur, daß jeder sein Eigentum umgehend gefährdet, der in eine vielversprechende Innovation nicht investiert. Sie soll ja seine Aussicht steigern, Marktpartner für die Erlangung von Schuldendeckungsmitteln, von Geld also, zu finden. Für die Einschätzung dieser Aussicht bildet sich die *Profiterwartung.* Es müssen sich mithin tendenziell alle für die Umsetzung der Innovation verschulden. Die dafür einsetzende Geldschaffung bewirkt dann die Nachfragesteigerung, die sich als Konjunktur manifestiert.

Nicht alle die für diesen *boom* Verschuldeten können ihre Produktion zu Waren machen, für sie also Marktpartner finden. Was als sogenannte Überproduktion erscheint, ist also nicht einer falschen Profiterwartung geschuldet, sondern resultiert daraus, daß alle darum kämpfen müssen, überhaupt wirtschaften, also Zins verdie-

2001). (ii) Die Geschäftsbanken wiederum – und das wird auch gesehen – sind «im Blick auf ihre riesigen notleidenden Forderungen überhaupt nicht zur Vergabe von Krediten bereit. Eine derart hartnäckige Zurückhaltung im Kreditgeschäft ist in Japan nie zuvor zu beobachten gewesen» (Odrich 2001). Notleidende Forderungen bei den Banken aber bedeuten denselben Mangel an guten Sicherheiten wie bei den Unternehmen. Die Bank von Japan kann gegen diesen Mangel überhaupt nichts ausrichten. Sie hat denn auch den Vorschlag, durch übermäßigen Ankauf langfristiger Staatspapiere eine Inflation zur Überwindung der inzwischen deflationären Krise zu induzieren, mit dem einsichtsvollen Argument zurückgewiesen, dies bedeute die Gefahr eines Wertverlustes ihrer Aktiva, der ihr «gesamtes Kapital und Reserven» auslöschen könne (vgl. Lerrick 2001, S. 13 sowie oben, Fußnote 25). Der Staat wiederum versucht es immer noch damit, daß er sich für die Bürger verschuldet. Er kann selbstredend auch über seine Steuergewalt die notleidenden Forderungen aus Mitteln der Bürger ablösen. Auch damit ergäbe sich unvermeidlich ein neuer Zuschnitt der japanischen Eigentumsverteilung.

nen zu können, weil sie den Verlust ihres Eigentums womöglich er-
leben werden, aber in einer Eigentumsgesellschaft aus seiner Verteidigung nicht vorab aussteigen können. Wenn sie diesen Verlust aber
hinnehmen mußten, können sie sich für eine zusätzliche Investi-
tionsanstrengung nicht ein weiteres mal verschulden. Auch eine ge-
samtwirtschaftliche Steuerung, die dann etwa mit Zinssubventionen
gegensteuern will, kann den Wegsackenden das unbelastete Eigentum nicht verschaffen, das sie für einen wie auch immer herunterge-
zinsten Kredit in jedem Falle verpfänden müßten.

Literaturverzeichnis

Adler, B.E. (1998), «Secured Credit Contracts», in: *The New Palgrave Dictionary of Economics and the Law*, London: Macmillan, Band 3, Sp. 405a-410a

Alchian, A.A. (1992), «Property Rights», in: *The New Palgrave Dictionary of Money and Finance*, London: Macmillan, Band 3, Sp. 223a-226a

Andréadès, A.M. (1904), *History of the Bank of England 1640-1903*, aus dem Französischen von C. Meredith, London: P.S. King & Son, 1909

Axilrod, S.H./Wallich, H.C. (1992), «Open-Market Operations», in: *The New Palgrave Dictionary of Money and Finance*, London: Macmillan, Band 3, Sp. 74b-77a

Backhaus, J. (2000), «Property, Interest, and Money: Unresolved Puzzles in Economics», Besprechung von G. Heinsohn und O. Steiger (1996), in: *History of Political Economy*, Band 32, Nr. 1, Frühjahr 2000, S. 159 f.

Bagehot, W. (1873), *Lombard Street: A Description of the Money Market*, New York: J. Wiley, Reprint 1999

Bailey, M.J. (1998), «Property in Aboriginal Societies», in: *The New Palgrave Dictionary of Economics and the Law*, London: Macmillan, Band 3, Sp. 155b-157b

Beaufort, J. (2001), «Abschied vom Tausch? Die Theorie der Eigentumsgesellschaft von Gunnar Heinsohn und Otto Steiger», in: *IKSF Discussion Papers*, Nr. 28, August

Bethell, T. (1998), *The Noblest Triumph: Property and Prosperity through the Ages*, New York: St. Martin's Press

BGH (1998), «Das gesamte Bodenreformurteil des V. Senats des Bundesgerichtshofs», Karlsruhe, 17. 12., *V ZR 200/97*, mimeo

Bogaert, R. (1966), *Les origines antiques de la banque de dépôt: Une mise au point accompagnée d'une esquisse des opérations de banque en Mésopotamie*, Leiden: A.W. Sijthoff

Braunberger, G. (1996), «Die Vision der Eigentumsgesellschaft: Zwei Bremer Wissenschaftler schreiben die Wirtschaftstheorie um», in: *Frankfurter Allgemeine Zeitung*, Nr. 269 vom 18. November, S. 16

Chantraine, H. (1979), «Münzwesen», in: *Der Kleine Pauly*, München: Deutscher Taschenbuch Verlag, Band 3, Sp. 1447-1452

Dalton, G.B. (1982), «Barter», in: *Journal of Economic Issues*, Band 16, S. 181-190

Debreu, G. (1959), *Theory of Value: An Axiomatic Analysis of Economic Equilibrium*, New Haven & London: Yale University Press

Demsetz, H. (1998), «Property Rights», in: *The New Palgrave Dictionary of Economics and the Law*, London: Macmillan, Band 3, Sp. 144a-155a

Dowd, K. (2000), «The Invisible Hand and the Evolution of the Monetary System», in: J. Smithin, Hg., *What Is Money?*, London: Routledge, S. 137-156

Epstein, R.A. (1998), «Possession», in: *The New Palgrave Dictionary of Economics and the Law*, London: Macmillan, Band 3, Sp. 62b-68b

Fisher, I. (1906), *The Nature of Capital and Income*, New York: Macmillan

Fisher, I. (1930), *The Theory of Interest as Determined by Impatience to Spend Income and Opportunity to Invest It*, New York: Macmillan

Friedman, M. (1992), «Quantity Theory of Money», in: *The New Palgrave Dictionary of Money and Finance*, London: Macmillan, Band 3, Sp. 247b-264b

Gorton, G. (1997), «Clearinghouses», in: D. Glasner, Hg., *Business Cycles and Depressions: An Encyclopedia*, New York: Garland, Sp. 99a-b

Graziani, A. (1997), «Review of G. Heinsohn and O. Steiger. *Eigentum, Zins und Geld. Ungelöste Rätsel der Wirtschaftswissenschaft*», in: *The European Journal of the History of Economic Thought*, Band 4, Nr. 1, Frühjahr, S. 158-160.

Grün, B. (1998), «Die Geltung des Erbrechts beim Neubauerneigentum in der SBZ/DDR – Verkannte Rechtslage mit schweren Folgen», in: *Zeitschrift für Vermögens- und Immobilienrecht*, Band 18, Nr. 10, Oktober, S. 537-547

Grünewald, R. (2001), «Fibel für Einsteiger in die Eigentumstheorie der Wirtschaft», in: *IKSF Discussion Papers*, Nr. 26, Universität Bremen, Mai

Hahn, F.H. (1982), *Money and Inflation*, Oxford: Blackwell

Hawtrey, R.G. (1926), *Währung und Kredit*, Jena: G. Fischer (Original: *Currency and Credit*, London: Longmans, 1919, 1923²)

Hawtrey, R.G. (1930), «Credit», in: *Encyclopedia of the Social Sciences*, New York: Macmillan, Band 3, S. 545-550

Hawtrey, R.G. (1932), *The Art of Central Banking*, London: Frank Cass & Co., Neudruck 1970

Heering, W. (1999), «Replik auf die Replik von Gunnar Heinsohn und Otto Steiger», in: K. Betz, T. Roy, Hg., *Privateigentum und Geld: Kontroversen um den Ansatz von Heinsohn und Steiger*, Marburg: Metropolis, S. 331-339

Heidelmeyer, W., Hg. (1997), *Die Menschenrechte: Erklärungen, Verfassungsartikel, Internationale Abkommen*, Paderborn et al.: F. Schöningh, 4., erneuerte und erweiterte Auflage

Heine, M./Herr, H. (1999), *Volkswirtschaftslehre: Paradigmenorientierte Einführung in die Mikro- und Makrotheorie*, München: R. Oldenbourg

Heinsohn, G. (1984), *Privateigentum, Patriarchat, Geldwirtschaft: Eine sozialtheoretische Rekonstruktion zur Antike* (1982), Frankfurt am Main: Suhrkamp

Heinsohn, G./Steiger, O. (1996), *Eigentum, Zins und Geld: Ungelöste Rätsel der Wirtschaftswissenschaft*, Reinbek: Rowohlt

Heinsohn, G./Steiger, O. (1999a) «Theorie der Eigentumsrechte und die real bills fallacy: Antworten auf unsere Kritiker», in: K. Betz, T. Roy, Hg., *Privateigentum und Geld: Kontroversen um den Ansatz von Heinsohn und Steiger*, Marburg: Metropolis, S. 311-339

Heinsohn, G./Steiger, O. (1999b), «Theorie der Eigentumsrechte und die real bills fallacy: Schlußbemerkung», in: K. Betz, T. Roy, Hg., *Privateigentum und Geld: Kontroversen um den Ansatz von Heinsohn und Steiger*, Marburg: Metropolis, S. 353-358

Heinsohn, G./Steiger, O. (2000a), «Alternative Theories of the Rate of Interest: A New Paradigm», in: *IKSF Discussion Papers*, Nr. 24, Universität Bremen, November

Heinsohn, G./Steiger, O. (2000b), «Die Konstruktionsfehler des Eurosystems», in D. Ehrig, R.K. Himmelreicher, H. Schaefer, Hg., *Finanzmarktarchitektur, ökonomische Dynamik und regionale Strukturforschung: Festschrift für Gerhard Leithäuser und Thomas von der Vring*, Bremen: Universität – Institut für Konjunktur- und Strukturforschung (IKSF), S. 83–110

Heinsohn, G./Steiger, O. (2000c), «Warum eine Zentralbank nicht über ihr Geld verfügen kann», in: *Ethik und Sozialwissenschaften*, Band 11, Nr. 4, Dezember, Sp. 516 a–519 a

Heinsohn, G./Steiger, O. (2000d), «The Property Theory of Interest and Money», in: J. Smithin, Hg., *What Is Money?*, London: Routledge, S. 67-100

Herr, H. (1999), «Die Rolle des Eigentums im Transformationsprozeß von der Plan- zur Geldwirtschaft», in: K. Betz, T. Roy, Hg., *Privateigentum und Geld: Kontroversen um den Ansatz von Heinsohn und Steiger*, Marburg: Metropolis, S. 177-199

Horwich, G. (1997), «Loanable-Funds Doctrine», in: D. Glass, Hg., *Business Cycles and Depressions: An Encyclopedia*, New York: Garland, S. 400-404

Illig, H. (1996), «Besitz und Eigentum: Eine Heinsohn-Steiger-Rezension», in: *Zeitensprünge*, Band 7, Nr. 3, September, S. 548

Jaffee, D./Stiglitz, J. (1992), «Credit Rationing», in: B. M. Friedman, F.H. Hahn, Hg., *Handbook of Monetary Economics*, Amsterdam et al.: North-Holland, Band II, S. 837-888.

Kanatas, G. (1992), «Collateral», in: *The New Palgrave Dictionary of Money and Finance*, London: Macmillan, Band 1, Sp. 381a-383a

Keynes, J.M. (1930), *A Treatise on Money. Vol. 1: The Pure Theory of Money*, in: *The Collected Writings of John Maynard Kenyes. Vol. V*, London: Macmillan, 1971

Keynes, J. M. (1934), «The Propensity to Invest», in: *The Collected Writings of John Maynard Keynes. Vol. XIII: The General Theory and After. Part I: Preparation*, London: Macmillan, 1973, S. 450-456

Keynes, J.M. (1936), *The General Theory of Employment, Interest and Money*, in: *The Collected Writings of John Maynard Keynes. Vol. VII*, London: Macmillan, 1973

Knapp, G.F. (1905), *Staatliche Theorie des Geldes*, München und Leipzig: Duncker & Humblot, 1923[4]

Köllmann, C. (1999a), «Die Theorie der Eigentumswirtschaft: Methodologische Anmerkungen zu Heinsohns und Steigers ‹Theorierevolution› », in: K. Betz, T. Roy, Hg., *Privateigentum und Geld: Kontroversen um den Ansatz von Heinsohn und Steiger*, Marburg: Metropolis, S. 251-181

Köllmann, C. (1999b), «Anmerkungen zu den Kritiken von Elke Muchlinski bzw. von Gunnar Heinsohn und Otto Steiger», in: K. Betz, T.

Roy, Hg., *Privateigentum und Geld: Kontroversen um den Ansatz von Heinsohn und Steiger*, Marburg: Metropolis, S. 341-352

Krüger, M. (1996), «Unwissende Ökonomen? Der Versuch einer neuen Volkswirtschaftslehre», in: *Handelsblatt / Der Tagesspiegel*, Literaturbeilage zur Frankfurter Buchmesse 1996, 2./3. Oktober, S. 13

Läufer, N.K.A. (1998), *The Heinsohn-Steiger Confusion on Interest, Money and Property*, Universität Konstanz: Fachbereich Wirtschaftswissenschaften, 26. Juni, mimeo

Laum, B. (1965), *Viehleihe und Viehkapital in den asiatisch-afrikanischen Hirtenkulturen*, Tübingen: J.C.B. Mohr

Leahy, J. (2000): «Indonesia to Recapitalise Central Bank after Audit Raises ‹Bankruptcy› Fears», in: *Financial Times*, 1. Januar, S. 26

Lerrick, A. (2001), «A Way Out for Japan: A Solution to the Problems Facing the World's Second Largest Economy that Will not Break Its Central Bank», in: *Financial Times*, 1. Mai, S. 13

Libecap, G.D. (1998), «Common Property», in: *The New Palgrave Dictionary of Economics and the Law*, London: Macmillan, Band 1, Sp. 317b-324a

Malinowski, B. (1966), *Coral Gardens and Their Magic – Vol. I: Soil-Tilling and Agriculture Rights in the Trobriand Islands* (1935), London: Allen & Unwin

Marx, K. (1867), *Das Kapital: Kritik der politischen Ökonomie. Erster Band. Buch I: Der Produktionsprozeß des Kapitals* (1890⁴), in: *Karl Marx-Friedrich Engels-Werke*, Band 25, Berlin: Dietz, 1969

Niemitz, H.-U. (2000), «Das Konzept ‹Eigentum› und seine Rolle in der Diskussion um Chronologie, Evolutionismus, Ethik, Recht und Gesellschaftsvertrag», in: *Zeitensprünge*, Band 12, Nr. 2, Juni, S. 318-338

North, D.C. und R.P. Thomas (1973), *The Rise of the Western World: A New Economic History*, Cambridge: Cambridge University Press

Odrich, B. (2001), «Wo auch der Nullzins nicht mehr hilft: Japans Wachstumsschwäche», in: *Frankfurter Allgemeine Zeitung*, Nr. 47 vom 24. Februar, S. 13

Parguez, A./Seccareccia, M. (2000), «The Credit Theory of Money: The Monetary Circuit Approach», in: J. Smithin, Hg., *What Is Money?*, London: Routledge, S. 101-123

Pipes, R. (1999), *Property and Freedom*, London: The Harville Press

Pistor, K. (1998), «Transfer of Property Rights in Eastern Europe», in: *The New Palgrave Dictionary of Economics and the Law*, London: Macmillan, Band 3, Sp. 697a-612b

Pryor, F.L. (1977), *The Origins of the Economy: A Comparative Study of Distribution in Primitive and Peasant Economies*, New York und London: Academic Press

Ricardo, D. (1817), *On the Principles of Political Economy and Taxation* (1821³), in: P. Sraffa, Hg., *The Works and Correspondence of David Ricardo*, Cambridge: Cambridge University Press, 1951, Band I.

Riese, H. (1993), «Bagehot versus Goodhart: Warum eine Zentralbank Geschäftsbanken braucht», in: *Forschungsgruppe «Postkeynesianische Ökonomie»: Diskussionsbeiträge zur gesamtwirtschaftlichen Theorie und Politik – Neue Folge*, Nr. 22, Universität Bremen: Januar

Riese, H. (1999), «Eigentum, Zins und Geld: Die Apokryphen des Gunnar Heinsohn und Otto Steiger», in: K. Betz, T. Roy, Hg., *Privateigentum und Geld: Kontroversen um den Ansatz von Heinsohn und Steiger*, Marburg: Metropolis, S. 145-155

Riese, H. (2000a), «Geld – die unverstandene Kategorie der Nationalökonomie», in: *Ethik und Sozialwissenschaften*, Band 11, Nr. 4, Dezember, Sp. 487 a – 498 a

Riese, H. (2000b), «Replik: Anmerkungen und Antworten», in: *Ethik und Sozialwissenschaften*, Band 11, Nr. 4, Dezember, Sp. 544 a – 554 b

Riese, H. (2001), «Money and Wealth in a Monetary Economy: Theoretical Foundation and Macro Policy Implication», in: *Conference on Monetary Policy in a World with Endogenous Money and Global Capital*, Freie Universität Berlin, 23.-25. März, mimeo

Robertson , D.H. (1940), «Mr Keynes and the Rate of Interest», in: Ders., *Essays in Monetary Theory*, London: P.S. King, S. 1-39

Roy, T. (1999), «Eigentum, Besitz und die *regulation by panic* in der Theorie von Heinsohn und Steiger». in: K. Betz, T. Roy, Hg., *Privateigentum und Geld: Kontroversen um den Ansatz von Heinsohn und Steiger*, Marburg: Metropolis, S. 157-175

Schumpeter, J. (1926), *Theorie der wirtschaftlichen Entwicklung: Eine Untersuchung über Unternehmergewinn, Kapital, Kredit, Zins und den Konjunkturzyklus* (1911); München und Leipzig: Duncker & Humblot, 2., erweiterte Auflage

Smith, A. (1776), *An Inquiry into the Nature and Causes of the Wealth of Nations* (1790⁴), hgg. von E. Cannan 1904, New York: Modern Library, 1937.

Soto, H. de (2000), *The Mystery of Capital: Why Capitalism Triumphs in the West and Fails Everywhere Else*, London et al: Bantam Press

Spahn, H.-P. (1998), «Besprechung von Heinsohn, G., O. Steiger, Eigentum, Zins und Geld – Ungelöste Rätsel der Wirtschaftswissenschaft», in: *Jahrbücher für Nationalökonomie und Statistik*, Band 217, Nr. 2, S. 387-390

Spahn, H.-P. (1999), «Geldwirtschaft: Eine wirtschafts- und theoriegeschichtliche Annäherung», in: *Diskussionsbeiträge aus dem Institut für Volkswirtschaftslehre der Universität Hohenheim*, Nr. 181, September

Spahn, H.-P. (2001), *From Gold to Euro: On Monetary Theory and the History of Currency Systems*, Berlin und Heidelberg: Springer

Stadermann, H.-J. (1994), *Die Fesselung des Midas: Eine Untersuchung über den Aufstieg und Verfall der Zentralbankkunst*, Tübingen: Mohr Siebeck

Stadermann, H.-J. (2000), «Aus Nichts wird nichts», in: *Ethik und Sozialwissenschaften*, Band 11, Nr. 4, Dezember, Sp. 534 b-537 b

Stadermann, H.-J./Steiger, O. (2001), *Allgemeine Theorie der Wirtschaft. Erster Band: Schulökonomik*, Tübingen: Mohr Siebeck

Starr, C.G. (1977), *The Economic and Social Growth of Early Greece: 800-500 B.C.*, New York: Oxford University Press

Starr, C.G. (1982), «Economic and Social Conditions in the Greek World», in: *The Cambridge Ancient History. Second Edition. Volume III. Part 3: The Expansion of the Greek World, Eigth to Sixth Centuries B.C.*, Cambridge: Cambridge University Press, S. 417-441

Steppacher, R. (1999), «Institutionelle Rahmenbedingungen: Eigentumsordnung und Märkte», in: H. Bieri, P. Moser, R. Steppacher, *Die Landwirtschaft als Chance einer zukunftsfähigen Schweiz oder Dauerproblem auf dem Weg zur vollständigen Ernährung?*, Zürich: Schweizer Vereinigung Industrie und Landwirtschaft (SIL), Schrift Nr. 135, S. 21-34

Steuart, J. (1767), *An Inquiry into the Principles of Political Oeconomy: Being an Essay on the Science of Domestic Policy in Free Nations*, London: A Millar & T. Cadell. Reprint Düsseldorf: Verlag Wirtschaft und Finanzen, 1993, Bände I und II

Tett, G. (2001), «Japan Banks Refuse Funds from Bank of Japan: More Aggresive Methods May Now be Needed to Maintain Loose Monetary Policy and Limit Deflation», in: *Financial Times*, 10. Mai, S. 4

Theil, W. (2000), «Bürgerliches Recht, Geld und zinsinduzierte Geld-knappheit: Ein Beitrag zur Heinsohn/Steiger-Riese-Kontroverse», in: *IKSF Discussion Papers*, Nr. 21, Universität Bremen, März

Theil, W. (2001), «Eigentum und Verpflichtung: Einige juristische As-pekte», in: H.-J. Stadermann, O. Steiger, Hg., *Verpflichtungsöko-nomik: Eigentum, Freiheit und Haftung in der Geldwirtschaft*, Mar-burg: Metropolis, S. 175-200

Thurnwald, R. (1932), *Economics in Primitive Communities*, London: Oxford University Press & International African Institute

Tobin, J. (1963), «Commercial Banks as Creators of ‹Money›», in: D.D. Hester, J. Tobin, Hg., *Financial Markets and Economic Activity*, New York: Wiley, 1967, S. 1-11

Wray, L. R. (2000), «Modern Money», in: J. Smithin, Hg., *What Is Money?*, London: Routledge, S. 42-66

Verzeichnis der Auseinandersetzungen mit
«Eigentum, Zins und Geld» (1996-2001)

Aldenborg, U. (1999), «Ohne Eigentum kein Geld? Über die Bedeutung des Eigentums für den Aufbau des Geldmarktes in Slowenien», in: Betz, K. und T. Roy, Hg., *Privateigentum und Geld: Kontroversen um den Ansatz von Heinsohn und Steiger*, Marburg: Metropolis, S. 201-220

Backhaus, J. (2000), «Property, Interest, and Money: Unresolved Puzzles in Economics», Besprechung von G. Heinsohn und O. Steiger (1996), in: *History of Political Economy*, Band 32, Nr. 1, Frühjahr 2000, S. 159 f.

Beaufort, J. (2001), «Abschied vom Tausch? Die Theorie der Eigentums-gesellschaft von Gunnar Heinsohn und Otto Steiger», in: *IKSF Discussion Papers*, Nr. 28, August, 15 S., 14 S.

Braunberger, G. (1996), «Die Vision der Eigentumsgesellschaft: Zwei Bre-mer Wissenschaftler schreiben die Wirtschaftstheorie um», in: *Frankfurter Allgemeine Zeitung*, Nr. 269 vom 18. November, S. 16

Betz, K. und T. Roy (1999), Hg., *Privateigentum und Geld: Kontroversen um den Ansatz von Heinsohn und Steiger*, Marburg: Metropolis, 359 S.

Descovich, S. (1999), *La teoria proprietaria dell' economica di Gunnar Heinsohn e Otto Steiger*, Venedig: Universitá degli studi Ca' Foscari di Venezia / Facoltá di economica, Juli, Dissertation, mimeo, 122 S.

Duchrow, U. (2000), «‹Eigentum verpflichtet› – zur Verschuldung anderer: Kritische Anmerkungen zur Eigentumstheorie von Gunnar Heinsohn und Otto Steiger aus biblisch-theologischer Perspektive», in: Kessler, R. und E. Loos, Hg., *Eigentum: Freiheit und Fluch – Ökonomische und biblische Einwürfe (Auseinandersetzung mit den Thesen von Gunnar Heinsohn und Otto Steiger)*, Gütersloh: Chr. Kaiser, S. 11-42

Edelmüller, W. (2000), «Geld und Finanz im modernen Kapitalismus», in: C. Gerschlager und I. Paul-Horn, Hg., *Gestaltung des Geldes*, Marburg: Metropolis, S. 141-178

Goldschalk, H. (1996), «Eigentum, Zins und Geld – zum neuen Buch von Heinsohn / Steiger», in: *Zeitschrift für Sozialökonomie*, Band 33, Nr. 111, Dezember, S. 29-32

Graziani, A. (1997), «Review of G. Heinsohn and O. Steiger. *Eigentum, Zins und Geld. Ungelöste Rätsel der Wirtschaftswissenschaft*», in: *The European Journal of the History of Economic Thought*, Band 4, Nr. 1, Frühjahr, S. 158-160

Grünewald, R. (2001), «Fibel für Einsteiger in die Eigentumstheorie der Wirtschaft», in: *IKSF Discussion Papers*, Nr. 26, Universität Bremen, Mai, 98 S.

Heering, W. (1999a), «Privateigentum, Vertrauen und Geld: Überlegungen zur Genese von Zahlungsmitteln in Marktökonomien *oder*: Wie man in Berlin, Bremen und anderswo über Geld denkt», in: Betz, K. und T. Roy, Hg., *Privateigentum und Geld: Kontroversen um den Ansatz von Heinsohn und Steiger*, Marburg: Metropolis, S. 99-143

Heering, W. (1999b), «Replik auf die Replik von Gunnar Heinsohn und Otto Steiger», in: Betz, K. und T. Roy, Hg., *Privateigentum und Geld: Kontroversen um den Ansatz von Heinsohn und Steiger*, Marburg: Metropolis, S. 331-339

Heilmann, T. und H. P. Vieli (1998a), «Kreislaufstörungen der Wirtschaft: Krisensysmptome und Konstruktionsfehler der Ökonomie – Was unterscheidet die Börse von einem Schneeballsystem?», in: *Alternative Bank der Schweiz (ABS – Geschäftbericht 1997*, Olten / Schweiz: ABS, April, S. 2-8 (Gespräch mit G. Heinsohn und O. Steiger)

Heilmann, T. und H. P. Vieli (1998b), «Und wann platzt die Blase?», in: *Moneta: Zeitung für Geld und Geist* (Olten / Schweiz), Nr. 2, 26.

Juni, S. 4-5 (Gespräch mit G. Heinsohn und O. Steiger / aktualisierte Fassung von Heilmann / Vieli, 1998a)

Hein, E. (1997), «Gunnar Heinsohn / Otto Steiger: Eigentum, Zins und Geld – Rezension», in: *Berliner Debatte INITIAL*, Band 8, Nr. 6, S. 141-144

Heine, M. und H. Herr (1999), «Der Vermögensmarkt: Kritische Würdigung», in: Dies., *Volkswirtschaftslehre: Paradigmenorientierte Einführung in die Mikro- und Makrotheorie*, München / Wien: R. Oldenbourg, S. 374-379

Herr, H. (1999), «Die Rolle des Eigentums im Transformationsprozeß von der Plan- zur Geldwirtschaft», in: Betz, K. und T. Roy, Hg., *Privateigentum und Geld: Kontroversen um den Ansatz von Heinsohn und Steiger*, Marburg: Metropolis, S. 177-199

Hölscher, J. (1998), «Review of Gunnar Heinsohn, and Otto Steiger, ‹Eigentum, Zins und Geld: Ungelöste Rätsel der Wirtschaftswissenschaft› », in: *Economic Systems*, Band 22, Nr. 3, September, S. 321-323

Hungar, K. (2000), «Antike Wirtschaftskrisen und die Ökonomik des modernen Patriachats der Brüder: Zu Heinsohn/Steigers Eigentumstheorie des Geldes», in: Kessler, R. und E. Loos, Hg., *Eigentum: Freiheit und Fluch – Ökonomische und biblische Einwürfe (Auseinandersetzung mit den Thesen von Gunnar Heinsohn und Otto Steiger)*, Gütersloh: Chr. Kaiser, S. 145-161

Illig, H. (1996), «Besitz und Eigentum: Eine Heinsohn-Steiger-Rezension», in: *Zeitensprünge*, Band 7, S. 548

Kessler, R. und E. Loos (2000), Hg., *Eigentum: Freiheit und Fluch – Ökonomische und biblische Einwürfe (Auseinandersetzung mit den Thesen von Gunnar Heinsohn und Otto Steiger)*, Gütersloh: Chr. Kaiser, 197 S.

Köllmann, C. (1999a), «Die Theorie der Eigentumswirtschaft: Methodologische Anmerkungen zu Heinsohns und Steigers Theorierevolution», in: Betz, K. und T. Roy, Hg., *Privateigentum und Geld: Kontroversen um den Ansatz von Heinsohn und Steiger*, Marburg: Metropolis, S. 251-283

Köllmann, C. (1999b), «Anmerkungen zu den Kritiken von Elke Muchlinski bzw. von Gunnar Heinsohn und Otto Steiger», in: Betz, K. und T. Roy, Hg., *Privateigentum und Geld: Kontroversen um den Ansatz von Heinsohn und Steiger*, Marburg: Metropolis, S. 341-352

Köllmann, C. (1999c), «Definitionen des Geldes: Eine Kritik des Essentialismus in der Geldtheorie», in: H.-J. Stadermann und O. Steiger, Hg., *Herausforderung der Geldwirtschaft: Theorie und Praxis währungspolitischer Ereignisse*, Marburg: Metropolis, S. 107-129

Krüger, M. (1996), «Unwissende Ökonomen? Der Versuch einer neuen Volkswirtschaftslehre», in: *Handelsblatt/Der Tagesspiegel*, Literaturbeilage zur Frankfurter Buchmesse 1996, 2./3. Oktober, S. S 13

Läufer, N. K. A. (1998), *The Heinsohn-Steiger Confusion on Interest, Money and Property*, Universität Konstanz: Fachbereich Wirtschaftswissenschaften, 26. Juni, mimeo, 11 S.

Lehmann-Waffenschmidt, M. (2001), „Gunnar Heinsohn und Otto Steiger: Eigentum, Zins und Geld. Ungelöste Rätsel der Wirtschaftswissenschaft, 1. Auflage Rowohlt Verlag 1996", erscheint in: D. Herz, Hg., Lexikon ökonomischer Werke, Düsseldorf: Verlag Wirtschaft und Finanzen, Dezember, mimeo, 4 S.

Lundquist, A. (2001), «Heinsohns og Steigers penge- og renteteori» (Heinsohns und Steigers Geld- und Zinstheorie), in: Ders., *Hoveder og høveder – en socialistisk og demokratisk kritik av det private samfund* (Kopf oder Zahl – eine sozialistische und demokratische Kritik der privaten Gesellschaft), Dissertation an der Gesellschaftswissenschaftlichen Fakultät der Universität Arlborg/Dänemark, Februar, S. 519-521 und 527

Maak, T. (1998), «Mehr Eigentum für alle? Besitz ist nicht gleich Eigentum», in: *Moneta: Zeitung für Geld und Geist* (Olten / Schweiz), Nr. 2, 26. Juni, S. 2-3

Malik, F. (1996a), Kurzrezension von G. Heinsohn / O. Steiger, «Eigentum, Zins und Geld», Rowohlt 1996, in: *M.o.M.: Malik on Managment* (St. Gallen), Band 4, Nr. 8, August, S. 109

Malik, F. (1996b), «Die Zinstheorien sind falsch», in: *Cash: Die Wirtschaftszeitung der Schweiz* (Zürich), Band 8, Nr. 40. 4. Oktober, S. 11-13 (Gespräch mit W. Vontobel)

Malik, F. (1998a), «Warum wirtschaften wir eigentlich?», in: *M.o.M.: Malik on Management* (St. Gallen), Band 6, Nr. 8, August, S. 118-127

Malik, F. (1998b), «Sind die Wirtschaftstheorien falsch?», in: F. Chumetzky-Schmid, Hg., *Zeit oder Geld? Laboratorium 98 zur Zukunft der Arbeit*, Dornbirn (Voralberg): Aktion Mitarbeit, S. 13-19

Malik, F. (1998c), «Brauchen wir eine neue Wirtschaftstheorie?», in: F. Chumetzky-Schmid, Hg., *Zeit oder Geld? Laboratorium 98 zur Zu-*

kunft der Arbeit, Dornbirn (Voralberg): Aktion Mitarbeit, S. 35-43 (Diskussion mit G. Heinsohn und O. Steiger)

Martin, P. C. (1998a), «Neue Eigentümer braucht das Land – je mehr, desto besser», in: *Welt am Sonntag*, Nr. 39 vom 27. September, S. 50

Martin, P. C. (1998b), «Debitismus: Die Tauschtheorie ist falsch», in: Ders., *Die Krisenschaukel*, München: Langen Müller / Herbig, S. 75-108

Muchlinski, E. (1999), «Eigentumsprämie, Liquiditätsprämie und Property Rights: Methodologische Anmerkungen zu Heinsohns und Steigers ‹Theorierevolution›», in: Betz, K. und T. Roy, Hg., *Privateigentum und Geld: Kontroversen um den Ansatz von Heinsohn und Steiger*, Marburg: Metropolis, S. 251-283

Niemitz, H.-U. (1997), «Besitz ja – Eigentum nein», in: *Frankfurter Allgemeine Zeitung*, Nr. 70 vom 24. März, S. 9

Niemitz, H.-U. (2000), «Das Konzept ‹Eigentum› und seine Rolle in der Diskussion um Chronologie, Evolutionismus, Ethik, Recht und Gesellschaftsvertrag», in: *Zeitensprünge*, Band 12, Nr. 2, Juni, S. 318-338

Niemitz, H.-U. (2001), «Geld – Ethik – mittelalterlicher Feudalismus: Zu drei Entwicklungen ohne Evolution», in: *Zeitensprünge*, Band 13, Nr. 4, Dezember, S. 691-723

Niquet, B. (1999), «Ökonomen in der realen Welt: ratlos? Die gegenwärtige Wirtschaftskrise im Lichte divergierender theoretischer Ansätze», in: Betz, K. und T. Roy, Hg., *Privateigentum und Geld: Kontroversen um den Ansatz von Heinsohn und Steiger*, Marburg: Metropolis, S. 227-249

Niquet, B. (2001), «Verpflichtung versus Liberalität: Die zweite kopernikanische Wende in der Nationalökonomie?», in: H.-J. Stadermann und O. Steiger, Hg., *Verpflichtungsökonomik: Eigentum, Freiheit und Haftung in der Geldwirtschaft*, Marburg: Metropolis, S. 163-173

Patzak, K. (1997), «Gegen das Credo der Ökonomie: Über das Standardwerk von Gunnar Heinsohn und Otto Steiger ‹Eigentum, Zins und Geld›», in: *Gegenwart: Kulturzeitschrift für Österreich und Umgebung* (Innsbruck), Nr. 34, 1. Juli (III. Quartal), S. 27-31

Reeh, K. (1997), «L' économie: est-elle une organisation de reproduction, qui est naturelle et donc donnée ou politique et donc choisie? Une critique du livre ‹Propriété, intérêt et monnaie – énigmes irrésolues de la science économique› de Gunnar Heinsohn et Otto Steiger», geschrieben für *Sociétal: Publication de la SEDEIS* (Paris), 10. Februar, mimeo, 6 S.

Riese, H. (1999), «Eigentum, Zins und Geld: Die Apokryphen des Gunnar Heinsohn und Otto Steiger», in: Betz, K. und T. Roy, Hg., *Privateigentum und Geld: Kontroversen um den Ansatz von Heinsohn und Steiger*, Marburg: Metropolis, S. 145-155

Roth, W. (1997), «Rätsel der Wirtschaftswissenschaft – jetzt entschlüsselt von zwei Professoren in Bremen», in: *WDR 3* (Westdeutscher Rundfunk Köln, 3. Programm), 27. August, 19:50-20:00 (Sendemanuskript, 9 S.)

Roy, T. (1999), «Eigentum, Besitz und die *regulation by panic* in der Theorie von Heinsohn und Steiger», in: Betz, K. und T. Roy, Hg., *Privateigentum und Geld: Kontroversen um den Ansatz von Heinsohn und Steiger*, Marburg: Metropolis, S. 157-175

Seiler, M. und D. Trudel (1998), *Geld und Nachhaltigkeit: Bedeutung alternativer Währungssysteme für ein Konzept einer ökologischen Gesellschaft*, Zürich: Eidgenössische Technische Hochschule (ETH), Semesterarbeit, Oktober, mimeo, 96 S.

Senf, B. (1998), «Die kopernikanische Wende in der Ökonomie? Eine Würdigung und Kritik des Buches ‹Eigentum, Zins und Geld› von Gunnar Heinsohn und Otto Steiger», in: *Zeitschrift für Sozialökonomie*, Band 35, Nr. 119, Dezember, S. 7-24

Soto, H. de (2000), «Capital and Money», in: Ders., *The Mystery of Capital: Why Capitalism Triumphs in the West and Fails Everywhere Else*, London: Bantam Press, S. 54-58 und 218

Spahn, H.-P. (1998), «Besprechung von Heinsohn, G., O. Steiger, Eigentum, Zins und Geld – Ungelöste Rätsel der Wirtschaftswissenschaft», in: *Jahrbücher für Nationalökonomie und Statistik*, Band 217, Nr. 2, S. 387-390

Spahn, H.-P. (1999), «Geldwirtschaft: Eine wirtschafts- und theoriegeschichtliche Annäherung», in: *Diskussionsbeiräge aus dem Institut für Volkswirtschaftslehre der Universität Hohenheim*, Nr. 181, September, 92 S.

Spahn, H.-P. (2001), «The Property Theory of Money and Interest», in: Ders., *From Gold to Euro*: *On Monetary Theory and the History of Currency Systems*, Berlin/Heidelberg: Springer, S. 60-62

Stadermann, H.-J. (1999), «Wesentliche Eigenschaften der Währung und des Geldes: Eine Differenzierung der Währungsemissionen von Staatsbanken und Zentralbanken», in: Betz, K. und T. Roy, Hg., *Pri-*

vateigentum und Geld: Kontroversen um den Ansatz von Heinsohn und Steiger, Marburg: Metropolis, S. 73-98

Steppacher, R. (1999), «Institutionelle Rahmenbedingungen: Eigentumsordnung und Märkte», in: Bieri, H., Moser, P. und R. Steppacher, *Die Landwirtschaft als Chance einer zukunftsfähigen Schweiz oder Dauerproblem auf dem Weg zur vollständigen Ernährung?*, Zürich: Schweizer Vereinigung Industrie und Landwirtschaft (SIL), Schrift Nr. 135, S. 21-34

Thadden, L. v. (1999), «Zentralbank-Defekt vs. Zentralbanktheorie-Defekt?», in: Betz, K. und T. Roy, Hg., *Privateigentum und Geld: Kontroversen um den Ansatz von Heinsohn und Steiger*, Marburg: Metropolis, S. 221-226

Theil, W. (2000), «Bürgerliches Recht, Geld und zinsinduzierte Geldknappheit: Ein Beitrag zur Heinsohn/Steiger-Riese-Kontroverse», in: *IKSF Discussion Papers*, Nr. 21, Universität Bremen, März, 50 S.

Theil, W. (2001), «Eigentum und Verpflichtung: Einige juristische Aspekte», in: H.-J. Stadermann und O. Steiger, Hg., *Verpflichtungsökonomik: Eigentum, Freiheit und Haftung in der Geldwirtschaft*, Marburg: Metropolis, S. 175-200

Thomasberger, C. (2001), «Freiheit und Verpflichtung: Der unverhoffte Aufstieg des Vermögensbesitzers und die Folgen», in: H.-J. Stadermann und O. Steiger, Hg., *Verpflichtungsökonomik: Eigentum, Freiheit und Haftung in der Geldwirtschaft*, Marburg: Metropolis, S. 133-161

Vielhaber, R. (1998a), «Die Banken, das Geld, die Krisen», in: *Fuchs-Devisen: Trends und Informationen über Währungen, Euromärkte, Außenhandelsfinanzierungen* (Bonn), Band 21, Frühjahr, 4 S. (Sonderdruck)

Vielhaber, R. (1998b), «Die große Geldkrise ist da: Hält das Weltfinanzsystem?», in: *Fuchsbriefe-Report* (Bonn), Oktober, 32 S.

Vieli, H.P. (1998): «Vernebelt in die Krise?», in: *Moneta: Zeitung für Geld und Geist* (Olten/Schweiz), Nr. 2, 26. Juni, S. 1 f.

Vontobel, W. (1996a), «Neues Licht auf alte Probleme», in *Cash: Die Wirtschaftszeitung der Schweiz* (Zürich), Band 8, Nr. 44, 1. November, S. 1

Vontobel, W. (1996b), «Geldpolitik: Bitte umdenken!», in: *Cash: Die Wirtschaftszeitung der Schweiz* (Zürich), Band 8, Nr. 44, 1. November, S. 31

Personen (·)- und Sachregister

Abgaben, feudale 11
·Adler, B.E. 39
Akkumulation 10 f., 19, 104
– ursprüngliche 104
·Alchian, A.A. 28
Anschaffungspreis 86
·Andréadès, A.M. 90
·Andrewes, A.M. 14
Anteilseignerbank 78
Antichresis 63
Arbeitsteilung 24
Arbeitswerttheorie 24
Auktionator 95
·Axilrod, S.H. 90

·Backhaus, J. 29
·Bagehot, W. 75, 88-90
Bankensystem, zweistufiges 82
Bankgeld 75
Banknoten 57, 72, 76-81, 87, 92
– Einlösbarkeit 25, 34, 79, 87
Bank Indonesia 86
Bank of England 73, 81, 90
– Banking Department 89
– Issue Department 89
Bankrun 80, 81
Bank von Amsterdam 75
Bank von Japan 109 f.
·Bailey, M.J. 31
Borrowed base 90
Befehlsgesellschaft 10 f., 13 f., 56
Beherrschung versus Bewirtschaftung von Ressourcen 11, 17 f., 54

Berliner Schule 40, 47, 50
Besitz 11, 16, 21, 30, 50
– als Verfügungsrecht 16 f., 50, 53 f.
– Besitzrechte 15, 18, 30 f., 53
– Besitztitel 16, 31, 40, 50, 52 f.
– Nutzungsrechte 15-18, 28
– Possesion rights 29
– Rechtstitel 56
Besitzgesellschaft 12-16, 18 f. 56 f.
·Bethell, T. 18
Bewertungsschwankungen 69, 107, 110
Bewertung von Vermögen 47
Bodenreform (SBZ) 14 f.
Bodenreformurteil (BGH) 15
·Bogaert, R. 73
Bonität 60, 70, 77
Boom und Bust 110
Borrowed base 90
·Braunberger, G. 109

·Chantraine, H. 74
Clearing 80
- Clearinghouse 80 f.
– Clearinghouse loan certificates 80
·Dalton, G.B. 13
Darlehenskassenscheine 72
·Debreu, G. 28
Depositenbank 76
·Demsetz, H. 21, 28, 29,

·Dowd, K. 76

Eigenkapital (equity) 77-79, 85 f., 89, 98
– «negatives» E. 86, 98
Eigentum 9, 16, 18, 21 f., 50, 52, 61, 76, 96
– Besitzseite 55
– Blockierbarkeit von Eigentum 52
– Eigentumsprämie 9, 50, 53, 57
– immatrieller Ertrag 57
– Eigentumsrechte 18, 28
– Eigentumsseite 55
– Eigentumstitel 16 f., 19, 27, 30, 40, 52, 68
– Eigentumstitel aus dem Nichts 50
– Privateigentum 10, 12 14 f., 22 f., 25, 28, 31 f.
– Privat- versus Staats- oder Gemeineigentum 15, 19, 28, 31 f.
– Property Rights 27, 29 f., 55
– Rangordnung der Eigentumtitel 63
– Rechtstitel 54
– und Belastung 9, 15, 17-19, 52-56, 60
– Vollstreckung in Eigentum 9
Eigentumsgesellschaft 16-20, 56 f.
Eigentumsprämie 9, 19, 39, 79, 85, 95, 100, 105, 108 f.
– und Zins 9, 16, 61-63, 79, 85
– und Liquiditätsprämie 100
Eigentumsverfasung 50, 95
Eigentumswirtschaft 95
·Epstein, R.A. 30

Faktormarkt 103

Federal Reserve System 81, 86
Fenus 12
Finanzierung durch «Gelddrucken» 72
·Fisher, I. 27, 65
Freie 10, 18
Fremdkapital 102
·Friedman, M. 35

Geld 9, 12, 13, 15, 40, 42, 48, 70, 73, 76, 95
– als anonymisierter Anspruch auf Eigentum 9, 19, 70 f.
– als Einlösungsversprechen 57
– als Vermögen 44 f., 48
– Bankgeld 71, 75
– Bankgeld versus Kreditgeld 71
– Eigentliches Geld (money proper) 65
– Kreditgeld 70 f.
– Liquiditätsprämie 19, 43, 61, 85, 100, 106, 108
– Rechengeld (money of account) 65
– Repräsentativgeld 72
– Staatsgeld 71 f.
– Warengeld 76
– Zeichengeld 34 f.
– Zirkulationsfähigkeit 19, 71
Geldangebot 48
Geldentstehung aus dem Kredit 49, 57
Geldnoten 57, 70, 71
Geldpreise 102
Geldstandard 66
Geldvermögen 44 f., 48, 85
Geldwirtschaft 40
– Geldschaffung aus dem Nichts 26, 41, 43, 46 f., 87
– im Staatssozialismus 14

– in der Klassik 24
– Monetärkeynesianismus 62
– Metallgeld 13, 14
Gesellschaftsformen 10
– Stammesgesellschaft 10, 12 f., 56
– Befehlsgesellschaft 10 f., 13 f., 56 f.
– Besitzgesellschaft 12-16 f., 18 f., 56 f.
– Eigentumsgesellschaft 11, 16-20, 56 f.
Geschäftsbanken 82
Gewinn- und Verlustrechnung 98
Gold 25, 76
– Goldschmiede 76
·Gorton, G. 81
·Graziani, A. 13
Grenzprodukt des Kapitals 37
·Grünewald, R. 19
Gut
– Besitzseite versus Eigentums-seite 13
Güterleihe 12, 19, 44
Güterknappheit 32

·Hahn, F. 34, 39
·Hawtrey, R.G. 26, 60, 65, 74, 80, 89
·Heine, M. 59, 96
·Heering, W. 59
·Heidelmeyer, W. 32
·Herr, H. 59, 96
Herrschaft 23
Homo oeconomicus 10, 18, 20, 23
Horten von Geld 51, 92
– Geldtruhe 92
·Horwich, G. 36

·Illig, H. 18
Insolvenz 88
Investition 50

·Jaffee, D. 38

·Kanatas, G. 39
Kapital 101
Kapitalflucht 92
Kapitalgut 100
Kapitalismus 24
Kaufkontrakt 58, 101
·Keynes, J.M. 9, 36, 48, 66, 71 f., 85, 104
– «Gelddrucken» bei Keynes 72
– Horten bei Keynes 51
– Liquiditätsprämie bei Keynes 43, 85
– Sparen bei Keynes 51
– Zinstheorie 36, 48
Keynesianismus 23, 40
·Knapp, G.F. 71
·Köllmann, C. 54
Kollateral (s. Sicherheiten)
Konkurrenz 107
·Kopernikus, N. 52
Kosten 102
Klassik 22-27, 104
– als Realtauschwirtschaft 24
– Anker der Geldemission 27
– Geldtheorie 25
– Kredittheorie 26
– Papiergeld 25
– Preistheorie 24
– Privateigentum 22 f.
– Zinstheorie 25 f.
Kredit (s. a. Geld) 57-73
– Geldkredit versus Ressourcen-kredit 42

– in der Klassik 25
– in der Neoklassik 35
– im Monetärkeynesianismus 42-47
– im Sozialismus 16
– Kreditgeld 71
Kredit, ungesicherter 59
Kreditbanken 73
Kreditkontrakt 9, 42, 50, 56, 58, 59, 61, 70, 73, 92, 99, 101, 106 f.
Kreditmarkt 37, 38
Kreditrationierung 38, 68
Kreditwürdigkeit 68
Krise 108
·Krüger, M. 29

·Läufer, N. 52, 64 f.
Last lending-house 88
·Laum, B. 13
·Leahy, J. 86
Legal tender 73, 76
– versus lawful money 76
Lender of last resort 41, 81, 86-88, 90
·Lerrick, A. 110
·Libecap, G.D. 31
Liquidität 46
Liquiditätskrise 88, 89
Liquiditätsprämie des Geldes 19, 43, 61-63, 85, 100 f., 105 f., 108
Loanable funds 36
Lohn 10, 24, 106
– freier Lohnarbeiter und Geldlohn 106
– Reproduktionslohn 10, 24
Lombard Street 76
·Lukrez 14

Macht 23

·Malinowski, B. 12
·Marshall, A. 21
·Marx, K. 23, 24, 107
Markt 96, 98
– Faktormarkt 98
– Vermögensmarkt (s.d.)
– Warenmarkt (s.d.)
Marktbewertung 67
Marktpreis 24, 86
Marktwirtschaft 33
Maßstab
– abstrakter versus konkreter M. 66
Mehrwert 107
Mefo-Wechsel 72
Men of property 77
Mietzins 56
Monetäre Produktion 102
Monetäre Verpflichtungen 95
Monetärkeynesianismus 40-51, 85, 96
– Eigentum und Besitz 40, 50
– Geldkredit versus Ressourcenkredit 42 f.
– Geldschaffung aus dem Nichts 26, 41, 43, 46 f., 87
– Geldtheorie 41, 48, 50
– Geldvermögen 44 f., 48, 85
– totaler Wert des Vermögens 50
– Vermögensbesitzer 40, 48, 97
– Vermögensmarkt 41, 100
– Zentralbanktheorie 44-47
– Zinstheorie 43 f., 48-50, 63, 85, 104
Monetarismus 35
Money of account 65
Money proper 65, 71
Monopolistische Preissetzung 104

Münze 74
– Münzverschlechterung 75
Mutuum 12

Natürlicher Preis 24
Neoklassik 22, 27-40, 95, 104
– Allgemeine Gleichgewichts-
  theorie 28, 34
– als Realtauschwirtschaft 33
– Nichterklärung der Preise 33
– Geldtheorie 33
– Kredittheorie 37-40
– neoklassische Dichotomie 66
– Property rights 27-32
– Wert- und Preistheorie 24, 32
  f.
– Zinstheorie 35-37, 103
Neue Institutionenökonomik
  21, 28-31
Nichteinlösbarkeit von
  Zentralbanknoten 87
Niederstwertprinzip 86
·Niemitz, H.-U. 18
Nominaler Preisanker 66
Nominale Verträge 96
Non-borrowed base 90
·North, D.C. 31
Notenbank (s. a. Zentralbank)
– Private Notenbank 76-81, 83 f.
Neutralität des Geldes 34
Numéraire (s. a. Recheneinheit)
  34, 66
Nutzungspfand 62
Nutzung versus Nutzen 54 f.

·Odrich, B. 110
Offener Markt 87
Offenes Diskontfenster 90
Offenes Offenmarktfenster 90

Ökonomisierung von Ressourcen
  32
Outrightgeschäft 45 f., 85, 87
Outside money 33

Pacht- oder Mietzins 56
Pacht- und Mietvertrag 55
Papiergeld 78
Paradigma
– des Tausches versus des Privat-
  eigentums 10
·Parguez, A. 13
Pfand (s. Sicherheiten und Ver-
  pfändung)
·Pipes, R. 18
·Pistor, K. 31
Preis 66
– absoluter Preis 103
– gesetzter Geldpreis 103
– relativer Preis 24, 33, 66, 103 f.
Preislehre 103
Preisniveau 91
Privateigentum 10, 12, 14 f., 22
  f., 25, 28, 31 f.
– versus Staats- oder Gemein-
  eigentum 15, 19, 28, 31 f.
Private Münze 74
Profit 101
Profiterwartungen 99, 110
Profitrate 41
·Pryor, F.L. 13
·Ptolemäus, C. 52

Real bills (s. a. Klassik) 26
– Banking-Schule 26
– Real bills doctrine 68
– Real bills fallacy 26, 68
Real- oder Gütertauschwirtschaft
  24, 33, 40

Recheneinheit 66
Rechengeld 67, 91, 99
Rechtsstaatlichkeit (Unabhängigkeit juristischer Institutionen) 11, 19
Repräsentativgeld 71
Reproduktion 10, 24
Reziprozität 10 f.
·Ricardo, D. 21, 24-26
·Riese, H. (s. a. Monetärkeynesianismus) 40-44, 47-49, 83, 97, 104
Risikoprämie 64
·Robertson, D.H. 36
·Roy, T. 61 f.

Schuldendeckung 70
Schuldkontrakte 95
Schuldnereigentum 67
Schuldtitel 72
·Schumpeter, J. 26 f.
·Seccareccia, M. 13
Sicherheiten 12, 15, 37-39, 42, 58 f., 63, 68, 73 f., 78 f., 82, 89 f., 109
– unterliegen der Marktbewertung 63
Sichtguthaben 70
·Smith, Adam 21, 23 f.
Solidarpflicht 10
Solvenz 60, 88
·Soto, H. de 18
·Spahn, H.-P. 61, 73, 100
Sparen 35, 50
Staatsbanken, sozialistische 15 f.
Staatsgeld 71 f.
Staatssozialismus 14-16
Staatstitel 72, 90 f.
– Darlehenskassenscheine 72
– Mefo-Wechsel 72

– nicht marktfähige S. 72
·Stadermann, H.-J. 22, 24, 33, 47, 49, 51, 70, 90, 104
Stammesgesellschaft 10, 12 f., 56
·Starr, C.G. 13, 74
·Steppacher, R. 18
·Steuart, J. 22, 65, 77-79, 89
Steuerhoheit 91
·Stiglitz, J. 38

Tausch 10, 49
Tauschneigung 96
Technischer Fortschritt 107
Tempelbanken 73
·Tett, G. 109
·Theil, W. 18
Theorie der Eigentumsrechte 21
Theorie der Herrschaft über Güter und Ressourcen 23
·Thomas, R.P. 31
·Thurnwald, R. 12
Titel
– Marktfähigkeit von Titeln 83
– Schuldtitel (debt) versus Vermögenstitel (asset) 83, 98
·Tobin, J. 72

Umverteilungspolitik 109
Unit of account 66
Unsichtbare Hand 95
Unterschied Gemein- zu Privateigentum 31
Use versus utility 54 f.

Veräußerbarkeit 30
Verfügungsrechte 16, 41, 42, 55
Verfügungsverbote über Eigentum im Sozialismus 15
Verkaufbarkeit 19, 30

Vermögen 17 f., 29, 45-47, 55,
59, 67, 83, 98
– Geldvermögen 44 f., 48
– Nominalvermögen 47, 100,
103, 107 f.
– Produktiovvermögen 100
– Sachvermögen 100, 103, 107
– Vermögenswert 50, 64 f., 89,
103
Vermögensbesitzer 40, 48, 97
Vermögensmarkt 40, 67, 99, 107
Vermögenstitel 91
Verpfändung 54, 56, 93
Verschuldungsbereitschaft 97,
99
Verschuldungsfähigkeit 97, 99
Verwechslung von Eigentum und
Besitz 31 f.
Verzicht
– auf Geldhaltung 48, 61
– auf Geldvermögen 44, 48
– auf Güterkonsum 35, 62
Vollstreckung 9, 14, 17, 19, 22,
54 f., 58, 60, 73

·Wallich, H.C. 90
·Walras, L. 21
Warenmarkt 101
Wechsel 75, 86, 89
Wechselkurs 91
Wert 104
Wertmaßstab
– absoluter W. 64
Wirtschaften 9, 30
– in der Klassik 51
– in der Neoklassik 51
– im Monetärkeynesianismus 51
Wirtschaftstheorie 10
·Wray, L.R. 71

Zahlungsunfähigkeit 78, 86
Zahlungsmittel 41
Zeitpräferenztheorie 35
Zentralbank 44, 83, 89
– Banknoten in der Zentralbank-
bilanz 45
– Entzug von Banknoten aus dem
Umlauf 46, 83
Zentralbankgeldvernichtung 46
Zentralbanknoten als Passiva 44,
84
– Einlösbarkeit 79, 87
Zins (s. a. Liquiditätsprämie) 9,
12, 15, 53, 103-105
– als absoluter Peis 103
– als versprochener Preis 38
– Höhe des Zinssatzes in der
Eigentumstheorie 64
– im Monetärkeynesianismus 43
f., 48-50, 63, 85
– im Sozialismus 16
– in der Klassik 25 f.
– in der Neoklassik 35, 37, 62
– Kapitalzins 37
– Keynes' Zinserklärung 36, 43,
48, 61
– Strafzins 16
– Risikoprämie 64
– und Eigentumsprämie 9, 19, 61
f.
– und Geldschaffung 19, 61 f., 85
Zirkulationsfähigkeit des Geldes
19, 71, 79, 100